황명선의 행복한 논산 사랑 이야기

나는 오늘도 가슴이 뛴다

황명선의 행복한 논산 사랑 이야기

나는 오늘도
가슴이 뛴다

초판 1쇄 발행 | 2013년 12월 20일
초판 2쇄 발행 | 2013년 12월 27일

지은이 | 황명선

발 행 인 | 김남석
편 집 이 사 | 김정옥
편집디자인 | 임세희
전   무 | 정만성
영 업 부 장 | 이현석

발행처 | ㈜대원사
주   소 | 135-945 서울시 강남구 양재대로 55길 37, 302(일원동, 대도빌딩)
전   화 | (02)757-6711, 6717~9
팩시밀리 | (02)775-8043
등록번호 | 제 3-191호
홈페이지 | http://www.daewonsa.co.kr

ⓒ 황명선, 2013

값 15,000원

Daewonsa Publishing Co., Ltd
Printed in Korea 2013

이 책에 실린 글과 사진은 저자와 주식회사 대원사의 동의 없이는
아무도 이용할 수 없습니다.
ISBN | 978-89-369-0827-0

국립중앙도서관 출판시 도서목록은 e-CIP홈페이지(http://www.nl.go.kr/ecip)에서
이용하실 수 있습니다. (CIP제어번호 : 2013027011)

황명선의 행복한 논산 사랑 이야기

나는 오늘도 가슴이 뛴다

황명선 지음

대원사

프롤로그

눌언민행(訥言敏行),
말은 굼뜨게 행동은 민첩하게

"그냥, 목소리 듣고 싶어서."

사무실에 돌아오니 책상 위에 메모 한 장이 놓여 있었다. 가끔씩 불쑥 전화를 주시곤 하던 이장하 어르신께서 또 전화를 주셨는데, 자리에 없다고 하자 남기신 말씀이라고 했다. 메모를 보는 순간, 마음이 따뜻해졌다.

시장 취임 3년 반.

'눌언민행(訥言敏行)' 이란 말을 항상 마음에 새기고 살아왔다. 취임 일성이었던 '대한민국 행복 지자체 1번지를 만들겠다.' 는 약속을 지키기 위해 지구 다섯 바퀴의 거리를 달렸다. 그러면서도 한편, 내가 한 말과 나의 실행력 사이에 거리가 벌어지지는 않았는지 노심초사할 때도 있었다.

그날도 오후까지 숨가쁘게 일정을 소화하고 충혈된 눈으로 사무실에 들어온 참이었다. 그런데 "그냥, 목소리 듣고 싶어서."라는 메모를 보는 순간, 허물 없는 아들 대하듯 전해 주신 그 마음이 참 감사했고 기운이 났다. 아들시장이라며 등 두드려 주실 만큼 실망시키지는 않은 것 같다.

어느새 민선 5기 3년 반이 지났다. 과거보다 발전된 다른 시정을 펼쳐 달라고 뽑아주신 시민들의 마음을 잘 알기에 더 부지런히 달렸다. 그러다 문득, 민선 5기 남은 과제를 보다 알차고 효율적으로 수행하기 위해서는 지난 3년 반 달려온 길과 나 자신을 되짚어 볼 필요가 있겠다 싶었다. 돌아보니 뿌듯한 부분보다 아쉬운 부분이 더 많다.

글을 쓸 때부터 내놓는 이 순간까지 내내 거울에 나를 비춰보는 비장한 심정이다. '민선 5기 3년 반의 기록', 남은 과제를 수행하는 데 부디 약이 될 수 있도록 애정 어린 격려와 질타 부탁드린다.

책 말미에는 우리 젊은이들에게 해 주고 싶은 몇 마디를 덧붙였다. 어느 시대보다 똑똑하고 유능하지만 어느 때보다 힘든 청춘의 시기를 보내고 있는 청년들에게 인생을 조금 더 산 선배로서 위로를 건네고 싶은 마음이다.

글을 쓰는 동안 고마운 분들의 얼굴이 끊임없이 떠올랐다. 논밭에서, 시장에서, 출근길에서, ……. 나를 보시면 밝게 웃으며 손을 잡아주시던 우리 13만 시민 여러분들, 결코 쉽지 않은 결단을 내려주신 동양강철 그룹 박도봉 회장님, 한미식품 그룹 박승백 회장님, 고향식품 신복순 회장님, 귀찮도록 찾아가 설득하는 나에게 기꺼이 시간을 할애해 주시고 마침내 뜻을 받아주신 국회 각 상임위원회 의원님들, 중앙부처 공직자분들, 교육과 인재 양성에 관한 소중한 고언을 주시는 김희수

총장님, 막내 아우마냥 보채는 내 진심을 보시고 고향으로 터를 옮겨 주신 박범신 작가님, 힘들고 지칠 때마다 말없이 손 잡아주셨던 충남도지사 안희정 선배님, ……. 지면을 다 채워도 모자랄 만큼 많은 분들 덕분에 시민과의 약속을 지켜 갈 수 있었다. 진심으로 고개 숙여 감사드린다.

또, 내가 마음껏 뛸 수 있도록 나를 믿고 동고동락해 준 열정적인 논산시 900여 명의 공직자들께도 벅찬 고마움을 전한다.

마지막으로 늘 기도와 격려로 나를 지켜 주신 어머니와 형제들, 그리고 나의 빈자리를 채우며 묵묵히 지지해 준 사랑하는 아내와 두 딸들에게도 고마움을 전한다.

2013년 12월 겨울

황명선

차 례

프롤로그
눌언민행(訥言敏行),
말은 굼뜨게 행동은 민첩하게   4

1 꼭 1등 아니어도 괜찮아

명선아~, 놀~자!   14
내가 만난 「행복한 왕자」   17
신부가 되겠습니다   20
방황의 끝   24
해병대, 진짜 사나이를 배우다   27
1987년 6월 10일   32
늦깎이 신입생   34
어머니의 묵주   37

그는 그런 사람이다   40
박범신 작가

2 마흔둘, 다시 본 딸기 꽃

'사람 먼저'인 정치를 꿈꾸며   44
멈추니 비로소 보인 것들   49
진심은 통한다   53
100년의 약속   56
희정이 형   60
계파보다 정책   64

내 고향 논산, 나의 동지 황명선   66
안희정 충청남도지사

3 사람·열정, 내 심장이 뛰는 이유

서울로 출근하는 시장   70
논산의 세일즈맨   73
나만의 마스터키   79
1%의 가능성만 있으면 어디든 간다   84

밸런타인데이, 딸기 싣고 러시아로   91
〈이등병의 편지〉   97
아, 탑정호!   105
13년 만의 부활, '영외면회제'   111
끊었던 담배를 다시 피워 물고   117
성적보다 효(孝)   124
아들시장 아녀?   128
꽃보다 사람   136
나는 사랑한다   140
우리 아이들은 친환경 무상 급식한다!   145
논산 어린이 다 모여라!   149
개천에서 용 못 난다고?   155
역사는 다시 흘러야 한다   160
특이한 조직도   169
'친절행정국'을 아시나요?   172
통즉불통(通則不痛), 불통즉통(不通則痛)   176
목민의 관직은 구해서는 안 된다   180
떠나간 직원을 기억하며   183
있으면 활용하고, 없으면 만들어 낸다   186
디자인 논산   192
심장의 주파수를 맞춰라   196
내 오래된 기타   198

조수미 보러 논산 가자!   201
형님이 돌아왔다   205

1%의 가능성을 100% 현실로   210
박도봉 동양강철 그룹 회장

상상력, 창의력, 추진력을 갖춘 준비된 지도자!   212
김병준 전 부총리 겸 교육인적자원부 장관, 청와대 정책실장

4 자신의 운명을 사랑하라

반도는 가능성이다   216
야스쿠니 젠틀맨   219
이제는 통섭이다   223
작은 왕국 이야기   225
스펙보다 스타일   228
불안한 청춘, 도전으로 맞서라   231
소유하지 말고 존재하라   233
조금 말랑말랑해져도 좋습니다   236
진정한 힐링(Healing)   239
　기대하는 삶이 아닌 살고 싶은 삶을 살아라   242

섬김의 리더십으로 소통하는 시장님   246
김희수 건양대학교 총장

에필로그   248

「행복한 왕자」를 만나다

꼭 1등 아니어도
괜찮아

1 황명선의 행복한 논산 사랑 이야기

■
명선아~, 놀~자!

1960년대 말에서 1970년대 초, 나의 유년은 한마디로 유쾌했다.
30호가 넘을까 말까 한 작은 시골 마을에서 땅 몇십 마지기와 복숭아·감 농사를 짓고 있던 우리 집은 제법 먹고살 만했다. 부지런하시고 긍정적이셨던 어머니와 천성이 여유롭고 인심 좋으셨던 아버지, 그리고 위로 큰형과 누나 셋이라는 든든한 울타리 덕분에 동네든 학교든 모두 내 세상이었다.
그렇다고 기고만장, 유아독존, 제멋대로 망나니는 아니었다. 주일 미사에서 신부님을 도와 복사도 서고, 어른들 말씀 잘 듣는, 공부보다는 친구들과 함께 노는 걸 더 좋아했던 그 시절, 시골에서 흔히 볼 수 있는 순둥이 소년 정도가 맞겠다.

지금처럼 집 안에서 혼자서 놀 수 있는 거리가 거의 없었던 그 시절, 나는 지는 해가 늘 야속하기만 했던 개구쟁이였고, 우리 집 대문은 수시로 나를 찾아오는 친구들 때문에 그야말로 문턱이 닳을 정도였다.

"명선아~, 놀~자!"

하루에도 몇 번씩 들려왔던 그 시절 친구들의 목소리가 눈을 감으면 지금도 귀에 생생하다.

봄이 지나고 여름이 막 시작될 무렵부터 온 동네는 그대로 놀이터가 된다. 학교에서 돌아오면 가방을 마루에 던져 놓고는 풋고추를 고추장에 푹 찍어 밥 한그릇을 뚝딱 해치웠다. 그리고는 텃밭에서 오이나 토마토를 하나 따서 들고는 그대로 뛰어나간다. 들로 산으로 우르르 몰려다니며 황 장군도 되었다가, 황 박사도 되었다가, 황 탐정도 되었다가, 요즘 말로 '버라이어티' 한 하루를 보내는 것이다.

그러다가 어느 한순간 모두가 산등성이에 누워 멍하니 하늘을 올려다볼 때가 있는데, 그때 햇살이 반짝이던 소리, 수많은 이야기를 건네며 지나가던 구름들, 잔잔히 흔들리던 풀잎 향기, 까무룩 졸린 것도 같고 아득한 것도 같았던 그 느낌들은 살아가면서 지금도 문득문득 아련히 그리워지는 것들이다.

돌이켜보면 어린 시절 나를 성장시킨 것은 추우면 추운 대로 더우면 더운 대로 한없이 우리를 품어주던 자연이었고, 가릴 것도 덮을 것도 없이 있는 그대로 마음을 주고받던 친구들이었다.

세상은 어떠한 도전도 거뜬히 받아주는 멋진 무대이고 사람들은 내가 마음만 열고 진심을 다하면 언제든 친구가 될 수 있는 존재라는 생각, 세상과 사람에 대한 이 대책 없는 신뢰는 아마도 그렇게 자리 잡기 시작했던 것 같다.

초여름부터 조금씩 그을리기 시작한 얼굴이 추석 무렵이면 아예 까만 콩처럼 반들거리며 절정을 이뤘던 개구쟁이 황명선……. 지금도 가슴 한편이 퀭해지는 날이나 나도 모르게 어깨가 처지는 날에는 마음 저 깊은 한쪽에서 소년은 슬며시 '씨~익' 웃어 준다.

내가 만난 「행복한 왕자」

　사파이어로 된 두 눈, 황금으로 뒤덮인 몸, 빨간 루비가 가득 박힌 칼자루를 손에 들고 도시 한가운데 서있는 동상을 사람들은 '행복한 왕자'라고 불렀다.
　하지만 왕자가 매일 눈물을 흘리고 있다는 사실은 아무도 몰랐다. 행복한 왕자의 눈물을 본 것은 갈대 아가씨와 사랑에 빠지는 바람에 친구들과 함께 남쪽나라로 가지 못하고 혼자 남게 된 제비였다.
　"나를 행복한 왕자라고 부르지만, 여기 서있으니 슬픈 일들을 많이 보게 되는구나!"

그날로 왕자는 제비를 시켜 칼자루에 있는 루비를 빼다가 너무 가난해서 아픈 아들의 약을 사지 못하는 어머니에게 갖다 주도록 하고, 며칠 동안 아무것도 먹지 못한 채 다락방에서 글을 쓰고 있는 젊은이에게는 사파이어 눈 한 쪽을 빼다 주라고 한다. 나머지 한 쪽 눈은 성냥을 강물에 빠뜨려 팔지 못하게 되어 아빠에게 혼이 날까 두려워 울고 있는 소녀에게, 그리고 마지막으로 자신의 몸을 덮고 있던 황금은 한 조각씩 떼어 가난한 사람들에게 골고루 나누어 주도록 한다.

황금도 다 벗겨지고 보석도 다 빠져버린 동상은 당연히 흉물스러웠다. 사람들은 "더 이상 행복한 왕자 같지 않다."며 펄펄 끓는 용광로에 집어넣는다. 하지만 행복한 왕자의 심장만은 녹지 않았다는 이 이야기. 한 번쯤 읽어 봤을 오스카 와일드의 유명한 동화 「행복한 왕자」다.

내가 언제 어떤 계기로 이 책을 읽게 되었는지는 가물가물하다. 하지만 그때 받은 충격은 참으로 선명하다. 몸에 황금을 두르고 보석으로 장식을 한 채 도시의 중심에 우뚝 서있는 '행복한 왕자'라는 이름의 '불행한 왕자'. 황금이 떼어지고 보석이 빠져나간 볼품없는 몰골의 '불행한 왕자'로 보이는 '행복한 왕자'.

'사람을 진정 행복하게 하는 것이 무엇인가, 사람들이 행복하다고 말하는 기준은 무엇인가, 행복의 본질은 무엇인가, ……'

난생 처음으로 이 같은 질문을 스스로 생각해 보게 되었던 것 같다.

이 책을 읽고 난 후였던가, 그 즈음이었던가 기억이 잘 나진 않는다. 아무튼 내가 초등학교 6학년 때, 큰 산과 같았던 아버지가 세상을 떠나셨다. 지병이 있으셨지만 그래도 아버지의 죽음은 너무도 갑작스러웠고, 아버지의 부재를 인정은커녕 인식조차 하기 어려웠다. 마치 길고도 긴 꿈을 꾸는 것 같은 세월이 이어졌다. 그러면서 처음으로 '불행'과 '행복'이라는 것을 구별할 수 있게 되었다. 헤르만 헤세의 작품「데미안」에서 싱클레어가 '두 개의 세계'를 처음으로 맞닥뜨렸을 때 느꼈던 그 느낌과 비슷하지 않았을까? 내 눈에 그때까지와 다른 세상이 비로소 보이기 시작했다.

천둥벌거숭이처럼 거칠 것 없이 꿈을 키우며 자라나던 내가 '삶의 그늘'이라는 것을 알게 됐고, 동시에 그런 이웃의 삶이 눈에 들어오기 시작했다. 그러면서 동화「행복한 왕자」가 가슴 깊이 들어왔다. 자신이 가진 것을 다 나눔으로써 비로소 행복해진 왕자가 늘 받는 것에 익숙한 막둥이였던 내 가슴에 자리를 틀기 시작한 것이다.

신부가 되겠습니다

　우리 형제는 매일 아침 눈을 뜨면 제일 먼저 해야 하는 일이 있었다. 바로 아침기도다. 그때는 '조가'라고 불렀던 아침기도. 아무리 늦잠을 자고 바쁜 일이 있어도 이 조가를 빠뜨리면 어머니의 불호령이 떨어졌다. 당연히 하루 일과를 마치면 잠자리에 들기 전에 저녁기도 '만가'를 바쳐야 했다. 3대째 내려오는 가톨릭 집안이었던 우리 집에서는 주일 미사, 아침·저녁기도를 빼먹는 것은 있을 수 없는 일이었다. 꾸벅꾸벅 조는 한이 있더라도 우리 형제들은 공손히 무릎 꿇고 성호를 그어야 했다.
　나는 초등학교 4학년 때쯤부터 미사 중에 신부님을 곁에서 도와

드리는 '복사'를 섰다. 단순한 보좌였지만 쉽지 않은 일이었다. 그것도 춥고 캄캄한 겨울에는 더더욱 그랬다. 따뜻한 이불 속 늦잠이 달디단 겨울방학, 유혹을 물리치고 새벽에 찬 길을 나서는 나를 위해 어머니도 새벽잠을 털어내시고 함께 미사 참례를 하셨다.

어머니와 함께 걷던 그 새벽길, 그때는 입을 비쭉 내밀고 투덜대며 걸었던 길이었는데…, 다시 한번 어머니 손을 꼭 잡고 걸어보고 싶다.

이런 집안 분위기 때문이었는지, 내 마음속에 들어와 버린 행복한 왕자 때문인지 자라면서 나는 신부가 되어야겠다는 생각을 자연스럽게 갖게 되었다. 어머니께서도 차남인 내가 신부가 되는 것도 괜찮은 일이라고 생각하시는 것 같았다.

때마침 고등학교도 가톨릭 재단인 논산대건고등학교에 합격했던 나는 재학 중에 착실하게 사제가 될 준비를 해나갔다. 그냥 당연히 나는 신학대학을 갈 사람이라는 생각으로 지냈다.

지금도 마찬가지겠지만 당시 신학대학에 입학원서를 내려면 교장 신부님과 교구장이신 주교님의 추천이 있어야 했다. 송갑의 교장 신부님의 추천을 받고, 대전교구 교구장이신 황민성 주교님의 추천을 받기 위해 신학대학에 지원할 또 한 명의 친구 윤병찬과 함께 대전 교구청으로 가서 면접을 봤다. 그런데 함께 간 친구는 면접에 통과, 나는 면접에 통과하지 못했다. 사제가 되는 길이 내 길이겠거니 하는 생각 외에는 다른 길은 생각해 보지 않았던 터라 참 많

논산대건고등학교 학창시절 친구들과 함께

논산대건고등학교 학창시절 수학여행

이 당황스러웠다.

당시 행복한 왕자로 사는 삶은 사제가 되는 것뿐이라고 생각했었다. 신학대학 입학이 좌절됐을 때, 한동안 산란한 마음을 다스리기 어려웠다.

그런데 지금 와서 돌이켜보니 지금의 이 자리가 어느새 내 마음속에 단단히 자리 잡고 있는 행복한 왕자로 살아가기에 꼭 맞는 자리라는 생각이 든다.

중요한 건 본질이고 그 본질을 실현하는 길은 참 여러 갈래인 것 같다.

■
방황의 끝

 아버지가 세상을 떠나신 게 초등학교 6학년. 5남매의 막내였던 나는 또래보다 철이 덜 든 개구쟁이였다. 그런데 어느 날 갑자기(3년을 앓으셨지만 어린 나에게는 느닷없는 사건이었다.) 아버지가 떠나고 그즈음 큰형님과 누님들도 학업과 직장생활을 위해 서울과 수원으로 각각 떠났다. 얼마 안 있어 가장 사이가 각별했던 막내 누님마저 대전에 있는 고등학교에 진학하면서 집을 떠났다.
 집에는 이제 어머니와 나, 단 둘이 남게 되었다. 졸지에 가장이 되신 어머니는 항상 일을 하셔야 했기 때문에 집안은 늘 텅 비어 있었다. 그때의 그 적막함과 가슴 텅 빈 허전함이란……. 나한테는 세계이자 우주였던 아버지의 부재, 그리고 형과 누나들의 빈자리……. 덕분에 나의 사춘기는 유난하지는 않았지만 확실히 쓸쓸했다.

대전에서 공부를 했던 작은누나는 나보다 두 살 위였는데 공부도 1등, 글짓기도 1등, 그림도 그리면 1등이었다. 바로 위 누나여서도 그랬겠지만 작은누나와의 사이는 각별했고, 나의 롤 모델이자 멘토였다. 때문에 작은누나의 빈자리는 말할 수 없이 컸다. 그 시절, 나의 유일한 기쁨은 토요일 오후 은진면 소재지에 있는 시외버스 정류장에 나가 누나가 올 때까지 하염없이 기다리는 일이었다. 집 전화도 없고 휴대폰도 없던 시절, 누나를 내려놓지 않는 버스를 몇 대씩 떠나보내며 마냥 기다리던 그 시간조차 참 행복했다. 일요일 저녁, 다시 버스정류장에서 누나를 보내야 하는 쓸쓸함은 당연히 몇 배나 컸다.

쓸쓸함을 달래기 위해서였는지 자연스럽게 친구들과 어울리는 시간이 점점 많아졌고, 성적도 조금씩 떨어졌다. 게다가 신학대학 입학의 꿈이 좌절된 이후로 마음을 잡지 못했다. 결국 첫 입시에 실패하고 나는 재수를 하게 됐다.

사제가 되겠다는 생각 외에 다른 길은 생각하지 않았던 터라 솔직히 어떤 계획도 잡히지 않았다. 어영부영하는 사이에 시간은 갔고 어쩔 수 없이 재수생이 된 것이다.

어려운 가정 형편이었지만 동네에서 내로라할 만큼 교육열이 높으셨던 우리 어머니는 꼭 대학에 가야 한다며 나를 서울로 올려 보내셨다. 노량진 학원가에서 시작된 재수생활, 이번에는 의대를 목표로 했다. 사제가 아니라면 사람의 생명을 구하는 의사가 되는 것이 좋겠다 싶었다. 초등학교 3학년 때부터 아버지의 투병생활을 지켜본 영향이었을 것이다. 그런데 이상하게도 쉽게 마음이 잡히지 않았다.

4월이 가고 따뜻한 5월이 오고 있었다. 함께 올라와 공부하고 있는 고향 친구들과 여전히 어울리며 스무 살의 봄날을 흘려보냈다. 덕분에 그해 겨울, 나는 두 번째로 실패의 쓴맛을 봐야 했다. 재수는 3수로 이어졌고 방황의 터널에서 빠져나오지 못했던 나는 세 번째 실패도 허용했다. 염치가 없었다. 전문대에 일단 입학을 했다. 그리고 한 번만 더 해보자, 4수를 결심했다.

4수생. 습관이 되어버린 수험생활. 공부가 갑자기 잘될 리 없었다. 몇 년째 떠들썩하게 준비해 왔던 ''86 아시안 게임'이 이제 100일 앞으로 다가왔다며 정부에서는 준비에 총력을 다하자는 구호가 뉴스마다 흘러나오던 1986년 초여름 어느 날, 갑자기 내 자신이 한심하게 느껴졌다. 없는 집안에서 어머니와 형님까지 나서서 도와주는데도 스물한 살이 되도록 '대학입시생'이라는 딱지를 떼지 못하고 막연한 미래에 기댄 채 살아가는 모습이라니······. 처음으로 이렇게 살면 안 되겠다는 생각이 들었다. 먼저 사람이 되어야겠다고 생각했다. 3수 끝에 나는 해병대에 자원입대했다. 1986년 7월 23일이었다.

해병대,
진짜 사나이를 배우다

　스물한 살의 나는 목소리 크고 술 한잔 마시면서 친구들을 리드하는 게 '사나이'라고 생각했다. 그런데 아니었다. 나는 그저 무기력한 청춘이었고 밋밋한 젊음이었으며 목적 없이 흘러가던 안타까운 인생이었다. 해병대에 입대해서야 비로소 깨달은 뼈아픈 사실이었다. 해병대 복무를 통해 나는 진짜 사나이를 배웠고, 인생의 새로운 반전을 맞았다.

　뜨거운 7월의 햇볕을 고스란히 받으며 입소한 포항 해병대 훈련소. 자원입대한 것을 입소 바로 다음 날 후회할 만큼 훈련은 고되고 또 고됐다. 삼복더위 속에서 진땀에 눈물, 콧물을 다 흘리며 무사히

해병대 지원 삼수 끝에 입대한 신병교육대에서 전우와 함께

훈련을 마치고 마침내 자대 배치를 받았다. 자대 역시 포항이었다.

대부분의 군 생활이 그렇듯 해병대 복무의 핵심은 내무반 생활이다. 내무반 생활은 생각했던 것보다 훨씬 힘들었다. 군 복무를 해 본 사람들은 잘 알겠지만 성별 빼고는 모두 제각각인 20대 청년 20여 명이 뒤섞여 단체생활을 하다 보니, 말로 다할 수 없는 상황들이 벌어진다. 그래도 지금 생각해보면 나름대로 균형을 잃지 않으며 잘 해낸 것 같다.

그 곳에서 30개월을 보내며 쌓은 의리, 빨간 명찰을 달아본 이들만이 느낄 수 있는 끈끈한 전우애……. 전역한 지 24, 5년이 됐지만 자대 배치 받고 가장 고참이었던 이광운 해병님, 호주로 이민 간 신봉천, 바로 위 고참이었던 김정욱 해병님 등 그때의 전우들은 지금도 종종 뭉친다.

흔히 남자들은 군대 다녀와야 사람 된다고들 한다. 나 역시 충분히 공감한다. 삶의 목표도 희미하고 삶에 임하는 태도 역시 치열하지 못했던 20대 초반의 나는 해병대 생활 30개월을 통해 완전히 바뀌었다. 그 때의 그 변화가 없었다면 지금의 나는 아마 없었을 것이다.

솔직히 해병대 입대 전에는 살면서 나 자신을 정신적으로 육체적으로 한계 수준까지 단련할 일이 없었다. 그래서 고생을 좀 해보자며 해병대에 자원입대한 것이었다. 그 곳에서 처음으로 나의 한계와 마주했고, 쉽게 좌절하거나 포기하지 않는 강한 인내력을 길렀다. 끊임없이 도전할 수 있는 근성도 얻었다.

해병대 해상침투훈련 후 전우들과 함께

젊은 지도자로서 때로는 무에서 유를 만들어 내야 할 때도 있다. 또 정부 예산을 따내거나 현안 사업을 추진하다 보면 지치거나 좌절할 때가 반드시 있기 마련이다. 그런데도 포기하지 않고 끝까지 도전해 마침내 목적을 이루어 낼 수 있었던 것은, 나의 젊은 날 해병대 생활을 통해 얻은 값진 변화 덕분이다.

1987년 6월 10일

입대한 지 1년이 다 되어가고 있었다. 일병 계급장을 달았고 군대생활도 제법 적응이 되어 안정을 찾고 있었다. 이런 분위기와는 달리 어디선가 들려오는 이야기들은 심상치 않았다. 곳곳에서 시위가 일어나고 도심에는 최루가스가 자욱하다고도 했다. 넥타이 부대, 시민들까지 시위에 동참하고 있다고 했다. 이어서 연세대 학생 한 명이 시위 중에 최루탄을 맞아 사망했다는 소식도 들려왔다.

"호헌철폐 독재타도!"

시민들이 외치는 구호라고 했다.

마음이 불편해지기 시작했다. 젊은이로서 역사의 물꼬를 새로 트는 현장에서 힘을 보태지 못한 게 못내 미안했다. 입대한 것이 마치 도피라도 한 것처럼 여겨지기까지 했다.

그래서인지 그때 이후로 민주화운동 세대에 대해 나는 일종의 부채의식 같은 게 생겼다. 죽음으로, 피로, 눈물로 일궈 놓은 민주화. 거기에 무임승차한 듯한 느낌이랄까? 정치에 발을 들이고 그래서 더 열심히, 더 치열하게 일했다.

1970년대 '성장과 개발 독재시대'라는 척박한 토양 위에 1980년대 민주주의의 뿌리를 내린 것, 그 과정에서의 수많은 무고한 희생은 분명 가슴 깊이 새기고 결코 잊지 말아야 할 일이다.

■
늦깎이 신입생

 국방부 시계는 정말 성실하게 돌아갔다. 내 인생의 반전을 가져온 해병대 복무 30개월을 꽉 채우고 1989년 1월에 전역했다.
 전역하자마자 당시 대기업 임원으로 계셨던 형님을 찾아갔다. 그리고 부탁했다. 딱 1년만 더 공부할 수 있게 도와달라고. 옛날처럼 그렇게 하지 않겠다고.
 형님은 나를 믿어주셨고, 군복 한 벌로 1년을 버티며 입시 준비를 했다. 그리고 국민대 토목환경공학과에 합격했다. 스물네 살에 대학 새내기가 된 것이다.
 사실 토목환경공학과는 적성이 아니었다. 솔직히 학력고사 성적

국민대학교 박사 학위 수여식장.
장영달 총 동문회 회장님, 목진휴 행정대학원장님,
강구철 법대학장님, 이수동 경상대학장님(좌로부터)

에 맞춰 선택한 전공이었다. 그래서 부전공으로 행정학을 선택했고, 행정학으로 석사·박사 학위를 받았다.

일류대는 아니지만 나는 국민대가 자랑스럽고 감사하다. 내게 공부할 수 있는 터전을 만들어 줬고, 그 안에서 국가와 정부 정책에 대한 전문가로 성장할 수 있었기 때문이다.

가끔 동문들을 만나면 학벌에 대한 콤플렉스에 갇혀 있는 경우를 볼 수 있다. 참 안타까운 일이다. 어느 대학을 나왔느냐는 그 사람의 젊은 시절, 그 사람의 일면이 반영된 제한적인 정보일 뿐이다. 저마다 자기 마음속에서 울리는 북소리에 맞춰 살아가기 마련인데, 그 북소리가 때마침 제도권 교육과정과 잘 맞아떨어지면 제때에 원하는 학교에 입학을 할 수 있는 것뿐이다. 중요한 건 그 사람이 현재 어떠한 태도로 인생을 살아가며 어떠한 성과를 이뤄 가고 있는가 하는 것이다. 유명한 광고인 박웅현 씨의 말처럼 학벌은 그 사람이 어떻게 사회생활을 해내느냐에 따라 졸업 후 2~3년이면 세탁이 되는 것이다.

어떤 상황에 놓여 있건 중요한 것은 '긍정의 마인드'다. 내 자리, 내 상황에 대한 긍정에서 비로소 발전의 길이 열린다. 더 넓은 길을 찾는 동력이 되어 주는 것이다.

어머니의 묵주

어머니는 강한 분이셨다. 아니 강해질 수밖에 없는 상황이었다는 게 더 정확한 표현이겠다. 아버지가 지병으로 3년을 누워계시다 떠나셨을 때, 어머니는 이제 막 50대 초반이었다.

그 시골에서 자주 있지도 않은 버스를 몇 번씩이나 갈아타고 것도 모자라 기차를 타고 지리도 낯선 서울의 원자력 병원에까지 아버지를 모시고 다녔다. 어떻게 해서든 아버지의 병을 고쳐 보려고 어머니는 참 극진하셨다. 병원에 다녀오신 날이면 어머니의 가녀린 어깨가 한 뼘은 더 처져 있었던 기억이 난다.

병석에 누워 있는 아버지를 대신해 농사일을 도맡아 해내시며 일곱 식구 생계를 책임지는 가장이셨던 어머니. 자식들 먹여 살리랴 남편 간호하랴, 어머니는 언제 한번 맘 편히 눈을 붙여 보질 못하셨다.

어머니는 그렇게도 애를 쓰셨지만 아버지는 끝내 우리 곁을 떠났다. 어머니 앞에는 어머니만 바라보는 5남매가 남아 있었다. 막내인 나는 아직 철이 없던 초등학교 6학년이었다. 아버지의 병 구환에 누구보다도 극진하셨던 어머니에게 있어서 아버지의 죽음은 참으로 당혹스러운 사건이었을 것이다. 그러나 오롯이 당신 몫이 된 5남매를 보시며 눈물도, 한숨도 소맷자락에 접어 두셔야 했다.

어머니는 강인하셨다. 교육열이 남달랐던 어머니는 우리 집 농사일은 물론이거니와 틈틈이 남의 집 농사일에 나가셨고, 농한기에는 막노동까지 가리지 않고 하시면서 5남매 뒷바라지를 하셨다. 덕분에 우리 5남매는 보릿고개가 있던 그 시대에, 한 마을이래야 겨우 30호가 전부였던 그 시골에서 모두 대학을 졸업할 수 있었다.

아버지가 돌아가신 후, 슬퍼할 겨를도 없이 험한 일도 마다않고 하시게 된 것 외에도 어머니에게 생긴 변화가 또 하나 있었다. 어머니의 손에서는 늘 묵주가 떠나지 않았다. 천주교 신자였던 어머니는 이전에도 신심이 깊었지만 아버지가 돌아가신 후 그 신앙은 더욱 깊어졌다.

여자 혼자서 5남매를 거둬야 한다는 책임감과 중압감에 얼마나 외롭고 힘드셨을까? 어느 노래의 가사처럼 '등이 휠 것 같은 삶의 무게'에 주저앉고 싶으셨던 순간이 얼마나 많았을까? 당시의 어머니 나이를 훌쩍 넘기고 한 가정의 가장이 되고 보니, 그때의 어머니 마음이 헤아려져 가슴이 저며 온다.

그 외로움, 두려움, 절박함을 어머니는 오직 묵주 하나로 견뎌 내셨던 것이다. 길이 들어 반들반들 윤이 나던 어머니의 오래된 묵주. 묵주알을 짚어가며 기도하시는 모습은 우리 5남매에게 천 마디 말씀을 대신하는 큰 가르침이었다. 우리가 무엇을 해야 하는지, 어떻게 살아가야 하는지가 그 모습에 다 담겨 있었다.

어머니는 우리들에게 한 번도 '공부해라', '출세해라' 말씀하신 적이 없다. 그저 '미사 참례했냐', '아침기도는 안 빠뜨렸냐', '기도 열심히 해라' 가 전부였다.

86세가 되신 지금도 어머니 머리맡에는 반들반들한 그 묵주가 놓여 있다. 5남매 모두가 무탈하게 잘 자라 각자의 위치에서 제 역할하며 살아가고 있는 것, 철부지 막둥이였던 내가 지금의 이 자리에 설 수 있게 된 것은 모두 어머니의 조용하지만 간절했던 묵주기도 덕분이리라.

그는 그런 사람이다

박범신 작가

그에겐 언제나 사람 냄새가 물씬 난다.
선근(善根)이다.
다정하고 따뜻하고 소탈한 그의 평소 모습은 꾸미거나 지어내는 것이 아니라 본성에서 우러나는 것이라고 나는 믿는다.
그가 신학교를 가고 싶어 했던 것도 우연이 아니었을 것이다.

다정하면서 그는 감상에 빠지지 않고,
따뜻하면서 그는 유약하지 않으며,
소탈하면서 그는 비전을 잃지 않는다.

자신의 선근을 종자(種子) 삼아, 더 많은 이가 선근을 확장하고 유지하여 삶의 문화적 지평을 보다 넓히는 데 헌신하고 싶은 인간중심주의 깊은 지향이 어느덧 그의 세계관이 됐기 때문이다.

이런 아우나 형이 있으면 좋겠다.
그는 그런 사람이다.

사 람 이 먼 저 인 세 상 을 꿈 꾸 며

2

마흔둘,
다시 본 딸기 꽃

황명선의 행복한 논산 사랑 이야기

■ '사람 먼저'인 정치를 꿈꾸며

　남들보다 늦게 대학생이 된 나는 누구보다 열심히 공부했다. 부전공으로 선택한 행정학이 더 적성에 맞아 졸업과 동시에 행정대학원에 입학했다. 행정학에 대한 갈증이 남아 있었기 때문이다.
　워낙 사회와 사람에 관심이 많은 성향 덕인지 학부 시절보다 훨씬 더 공부가 즐거웠다. 그러던 어느 날, 우연히 1995년 당시 이해찬 전 총리가 본부장으로 있던 조순 서울시장 선거대책본부로부터 정책연구위원을 맡아달라는 제의를 받았다. 석사과정을 밟으며 현장 경험을 쌓는 것도 도움이 되겠다 싶어 캠프에 합류해 공약을 만들었다.

그렇게 발을 들인 정치 여정은 1996년 민주당 서울시지부 간사를 시작으로 1998년 고건 서울시장 선거대책본부 총무국장, 1999년 새정치국민회의 중앙의원을 거쳐 새천년민주당 중앙당 부대변인, 서울시지부 사무처장, 그리고 이해찬 전 총리의 추천으로 서울특별시의회 의원으로까지 이어졌다. 우연치 않게 막연히 학업에 도움이 되겠다는 생각으로 시작했던 일이 숨 쉴 새 없이 이어지면서 어느 순간 '정치인'이라는 타이틀을 달고 있었다. 1995년부터 2006년까지 꼭 10년의 세월이었다.

서울특별시의회 의원으로 일한 지 4년쯤 되었을 때, 당시 장영달 원내 대표와 김병준 정책실장께서 논산시장 출마를 권유하셨다. 그때 처음으로 지난 10년을 되돌아보았다.

옆도 뒤도 돌아보지 않고 오로지 달려온 10년! 애초부터 정치를 해야겠다는 생각으로 발을 들였다면 그렇게 쉼 없이 10년이라는 세월을 달려올 수 있었을까? 앞으로도 계속해서 정치인으로 살아갈 수 있을 것인지를 스스로에게 확인하는 질문이었다. 한 지자체를 이끌어갈 일꾼이 되겠다고 나서는 일이었다.

'시민의 삶을 책임져야 할 막중한 자리에 내가 과연 적합한 인물일까?'

묻고 또 묻지 않을 수 없었다. 그리고 한참 만에 답을 찾았다. 내가 지난 10년을 그렇게 달려올 수 있었던 것은 정치인이 되겠다는 욕심이 아니라, 사람이 먼저인 세상을 향한 희망 때문이었다는 것을. 그렇다면 할 수 있겠다 싶었다. 지난 10년을 달릴 수 있었던 동력이 그것이었다면 앞으로 정치인이라 불리는 길을 걷는다 해도 나는 여전히 우직하게 달릴 수 있겠다는 확신이 섰다.

지역정당인 국민중심당을 중심으로 선거 판세가 만들어져 있었지만, 서울시 의원직을 사퇴하고 가족들을 데리고 이사를 했다. 그리고 내가 태어나고 자란 고향 논산에서 출사표를 던졌다.

"논산의 시장은 달라야 합니다."

이것은 그때 내건 슬로건이다. 당시 나를 포함해 모두 네 명의 후보들이 출마했다. 언론에서는 당시 선거를 두고 "3선을 향한 현직 시장의 아성과 이를 무너뜨리려는 나머지 세 후보들의 각축전으로, 어느 때보다 치열한 선거전을 예고하고 있다."고 연일 보도했다.

'감소 추세의 인구와 위축되는 시세를 회복시킬 후보는 과연 누구인가' 가 당시 논산시장 선거의 공공연한 관전 포인트였다.

그 동안 젊은 나이에 비해 나름대로 활발한 활동을 펼쳐 왔다고 생각했는데, 정작 고향에서의 인지도는 상대적으로 낮았다. 논산을 거점으로 활동한 다른 후보들에 비하면 나는 10년 넘게 서울에서 생활하다 고향에 돌아온 잊혀진 아들이었던 것이다.

결과는 낙선이었다. 고향 사람들은 나를 선뜻 믿어 주지 않았다.

청와대에서 김대중 대통령님과 함께

어찌 보면 당연한 민심이었다. 경제 현안이 산적해 있는 상황에서 마흔한 살, 그것도 10년 만에 고향에 나타나 한 표를 호소하는 나를 신뢰하기란 쉽지 않았을 테니까.

멈추니 비로소 보인 것들

　가족들을 데리고 고향에 내려와 첫 도전에서 고배를 마시고 나니 그야말로 망연자실이었다. 어떻게 여름이 지나가고 겨울이 왔는지 모르게 시간이 흘러갔다.
　그런 나날 중 하루였을 것이다. 어느 날 양촌면을 지나는데, 비닐하우스들이 보였다. 날씨가 찬데, 하우스 안에서는 주민들이 분주했다. 다가가 보니 딸기 하우스였다.
　내 고향 논산은 '딸기'로 유명하다. 옛날부터 땅이 비옥하고 물이 맑으며 일조량 또한 풍부해서 맛과 향, 당도 높은 딸기를 길러내기에 충분했다.

하우스 안으로 들어가 보았다. 하얀 딸기 꽃들이 마치 눈밭에 들어선 듯했다.

'그러고 보니 딸기 꽃을 본 게 언제였더라…….'

아득했다. 작고 여린 흰 꽃. 마흔을 넘긴 나이에 다시 보는 고향의 딸기 꽃이라니……. 가슴속에서 뜨거운 무언가가 울컥 올라왔다. 어린 시절, 고향에서의 삶이 파노라마처럼 지나갔다. 그 시절 나를 품고 길러줬던 고향의 산과 들이 그대로 스쳐갔다.

내 고향 논산의 딸기 꽃을 잊고 산 세월이 얼마였던가. 그 새콤하고 달달한 향기를 마지막으로 맡아본 게 도대체 언제였던가. 그렇게 고향에서 멀어진 마음으로 고향 사람들의 표를 얻으려고 했단 말인가. 고향 사람들은 그런 내 마음을 알아봤고, 그 앞에서 '논산 출신', '행정학 박사'라는 타이틀은 아무런 의미가 없었던 것이다.

순간 정신이 번쩍 들었다. 정신을 차리고 보니 옆에서 가슴 아파하며 지켜보는 아내가 있었다. 나 하나 믿고 서울생활을 정리하고 따라 내려온 아내와 아이들. 나는 다시 일어서야 했다. 내려오면서 아내와 아이들에게 한 약속, 사람이 먼저인 세상을 만드는 일, 아니 사람이 먼저인 내 고향 논산을 만드는 일, 그것을 위해 다시 뛰어야 했다.

논산에 있는 건양대학교에서 사회복지학과 겸임교수로 재직하게 됐다. 늘 아낌없는 애정과 사랑을 주시는 대학 선배 권경주 교수님과 고향의 사회복지 발전에 관한 많은 토론과 고민을 했고, 학생

정책기획위원회 위원 임명식장에서 노무현 대통령님과 함께

들에게 복지행정 등을 강의하면서 지역 복지에 관한 전문 이론을 축적했다. 또 복지관 경로당 마을회관 등에서 고향 주민들과 진심으로 소통할 수 있는 자리를 수시로 마련했다.

더불어 대통령자문정책기획위원회 위원활동도 열심히 했다. 정책의 이론과 실무에 깊이 몰입할 수 있는 귀한 시간이었다. 국가가 안고 있는 문제와 현안들에 대해 심도 있게 대안을 모색해볼 수 있는 시간이 되었다.

진심 어린 마음으로 고향의 품에 안기고 보니 안 보이던 것들이 보였다. 들리지 않았던 것들이 들리기 시작했다. 혜민 스님의 말씀처럼 '멈추니 비로소 보이는 것들'이 있었다.

지난 3년 반 동안 추진해 온 세일즈 행정을 통한 기업유치와 지역 경제 활성화, 그리고 귀농인 정책 유도와 친환경 농업 확대 방안, 전국 최고의 경로효친 도시 조성, 삶이 풍요로운 문화도시 등에 관한 아이디어들이 모두 그때 나온 것들이다.

그때 그 4년의 시간은 정체가 아니라 인간적으로 성장하고 행정가로서 성숙된 소중한 시간이었다.

진심은 통한다

2010년 6·2 지방선거에 나는 다시 출사표를 던졌다. 선거사무소를 열던 날을 기억한다.

김병준 전 교육부총리께서 일찌감치 내려오셔서 내 손을 잡아주셨다. 그때 그 손에서 전해온 뜨거운 지지와 응원을 지금도 잊을 수 없다. 참여정부 정책실장을 거쳐, 교육부총리를 역임했던 국민대학교 김병준 교수님은 은사님이자 정책적 판단이나 결정에 큰 도움을 주신 스승이다.

또, 안희정 당시 충남도지사 예비 후보를 비롯해 중앙당 관계자 및 당원 등 1000여 명의 지지자들이 필승을 기원해 주었다. 지지자

활기찬 논산 행복한 시민 민선 5기 출범

들의 성원 때문인지 나는 선거에 자신이 있었다.

　이제 나는 더 이상 객지 생활을 하다가 갑자기 돌아온 잊혀진 아들이 아니었다. 지난 4년간 나는 고향 사람들을 참 많이 만났고, 고향 사람들 말에 참 많이 귀 기울였으며, 또 고향 사람들의 삶을 함께 참 많이 느꼈다. 그리하여 4년 전 고향을 보던 내 마음과는 완전히 달라져 있었고, 뚜렷한 플랜이 있었다. 시민들은 반드시 내 진심을 알아봐 줄 거라는 솟구치는 믿음이 있었다. '진심은 통한다.'는 믿음을 나는 확신했다.

　2010년 6월 2일 밤 11시 30분, 역시 진심은 통했다. 개표가 95.6% 진행된 상황에서 42.3%의 득표율로 당선이 확정됐다.

　"오늘은 위대한 논산시민 모두가 시장으로 당선된 날입니다. 논산시민 여러분과 함께 위기를 극복하고 여러 현안을 해결해가며 '발전하는 논산, 행복한 논산 시대'를 활짝 열어 나가겠습니다."

　당선이 확정되는 그 자리에서 나는 이렇게 논산시민들과 약속을 했다. 지난 4년간의 진정성을 보고 마흔다섯 살 젊은 나를 믿어 준 내 고향 논산시민들의 진심이 가슴 뜨겁게 전해진 순간이었다.

100년의 약속

 2010년 7월 1일, '논산시장' 이라는 이름으로 시민들 앞에 선 날이다. 시청 청사 3층 회의실에 자리를 마련했다. 이날, 내가 시장이 되어 한 첫 번째 주문은 '지정석을 따로 두지 말아 달라.' 는 것이었다. 시민들이 원하는 자리에 격의 없이 앉을 수 있도록 하고 싶어서였다.
 취임식장을 가득 메운 시민들에게 100년의 약속을 드렸다. 시장에게 주어진 임기는 4년이지만 그 4년 동안 논산이 앞으로 100년을 살아갈 수 있는 경제적·문화적 성장동력을 마련해 놓겠다는 약속이었다.

논산에 내려와 살펴보니, 지나간 세월에 비해 내 어린 시절과 크게 달라진 것이 없었다. 지방자치제 실시 이후 20년 가까운 세월이 흐르는 동안 큰 변화가 없었다는 사실이 무척이나 안타까웠다. 나는 다짐했다.

'비록 시장 임기는 4년이지만, 나는 논산시민들의 100년을 설계하겠다.'

사실은 그런 마음으로 선거 전에 이미 정책을 구상했었다. 취임식장에서 한 "논산시를 대한민국 행복 지자체 1번지로 만들기 위해 노력하겠다!"는 말은 바로 그런 배경에서 나온 것이다.

나는 서울로 출퇴근하는 세일즈 시장이 될 각오를 하고 있었다. 굵직굵직한 국비 지원 사업과 굴지의 기업들을 유치하고, 동시에 논산이 갖고 있는 자원들을 활용하면 문화·관광·체험도시 및 친환경 농업도시로 도약시킬 수 있다고 생각했다.

논산은 토질이 비옥해 쌀은 물론 딸기·토마토·수박·상추·고구마·멜론 등 시설농업이 발달한 도농 복합형 도시라는 특성을 살려 친환경 재배를 통해 농촌 경제 활성화를 이룰 수 있다. 또 귀농인을 지원하고, 자연 농촌 체험 프로그램을 관광자원으로 활용할 수도 있다. 4년 동안 그렇게 열심히 달리면 내가 임기를 마치더라도 논산은 앞으로 발전할 수 있는 강력한 엔진을 달게 될 것이라고 믿었다.

그리고 마지막으로 내가 이 길에 나설 수 있었던 이유와 내가 가장 잘할 수 있고, 하고 싶은 일을 약속드렸다. 그것은 바로 '사람이 먼저인 논산'을 만드는 일이다.

"충청의 바탕인 효를 실천하고, 젊은이와 어린이에게는 용기와 희망, 꿈을 주는 시민시대를 열 것이며, 장애인·저소득층 등 소외계층을 보듬는 따뜻한 행정을 펼칠 것입니다."

이렇게 말씀드릴 땐 가슴이 벅차 뜨거워졌다.

그저 입에 발린 소리가 아니다. 전통적 가치인 '효'를 시정의 기본으로 삼아 나갈 작정이었다. 어르신들이 편하고 젊은이들이 꿈과 희망을 가질 수 있는, 그래서 행복한 시민사회를 구현해 가는 것은 불가능한 일이 아니다. 시민 한 사람 한 사람을 하나로 엮고, 이를 통해 시민들의 화합을 이끌어 나가면 되는 일이다. 그를 위해 예산과 정책 제안에 시민들의 참여를 확대하고, 시민 대토론회를 운영해 참여와 소통이 활발해지도록 하겠다는 계획이 그 어떤 것보다 확실히 설계되어 있었다.

함께 일할 동료 공직자들에게도 약속했다. 첫 번째 출사표를 던졌을 때부터 내걸었던 슬로건대로 논산시장은 달라야 했다. 그래야 '대한민국 행복 지자체 1번지'를 만들 수 있다. 그러기 위해서는 공직자들도 달라져야 한다고 생각했다. 우선 공직자는 변화와 혁신의 대상이 아닌 주체가 되어야 한다. 시장은 공직자들이 능력과 창의력을 마음껏 발휘할 수 있도록 조직과 인사 시스템을 바꾸고, 반칙·특권·청탁이 통하지 않는 투명한 인사·공정한 열린 승진 기회를 보장하겠다는 약속이었다.

 그때 이야기를 하다 보니, 새삼 동료 공직자들이 고맙다. 변화와 혁신의 피로감이 왜 없었겠는가. 변화의 대상이 아닌 주체가 되어 제 살 깎는 아픔을 감내하면서 지난 3년 반 동안 나와 함께해 준 그분들에게 진심으로 감사드린다. 지금까지의 논산 발전은 순전히 논산의 900여 명의 공직자들 공이다.

■
희정이 형

언제 어떤 계기로 막역해졌는지조차 기억할 수 없을 만큼 우리는 서로 물처럼 스민 인연이다. 사석에서는 '희정이 형'인 안희정 충청남도지사. 같은 논산 출신으로, 고향 선배이기도 하지만 나에게 그는 한마디로 '고맙고 훌륭한 정치인'이다.

2008년 봄은 그에게 참 잔인한 계절이었다. 고 노무현 전 대통령의 최측근이라는 이유로 옥살이를 하는 등 참여정부 5년 동안 누구보다 힘든 시간을 보내온 그는 당시 18대 총선 출마를 준비하고 있었다. 그러나 민주당 공천심사위원회가 비리 전력자 공천 배제 방침을 확정하면서 공천을 받지 못했다. 개인 비리 전력과는 무관한 그로서는 참으로 억울한 상황이었다. 하지만 그는 공심위 결정 하루 만에 개인 성명을 통해 당과 공심위의 결정을 존중한다고 밝혔다. 호사가들은 그의 다음 행보에 촉각을 세우고 있었다. 공천에서 탈락하면 보통은 탈당해서 무소속으로 출마하는 수순을 밟는데, 그는 과연 어떤 선택을 할 것인지가 궁금했던 것이다.

그러나 그는 성명을 내는 자리에서 바로 단호하고 분명하게 약속했다.

"공천을 못 받았다고 탈당하여 무소속으로 출마하는 수순의 길은 걷지 않겠습니다."

누구보다 억울한 그가 누구보다 절실했던 총선을 포기하면서까지 당의 입장을 존중하는 모습이 참 고마웠고 참 존경스러웠다.

성명을 내던 날 밤, 우리는 한 호프집에서 맥주잔을 앞에 두고 마주 앉았다. 감정 절제가 강한 그는 그때도 착잡한 심정을 쉽게 드러내지 않았다. 다만 여의도를 떠나 공부를 더 해볼까 하는 생각을 비칠 뿐이었다.

대선자금 수사 과정에서 구속되고 대통령의 측근이라는 이유로 근신했던 생활에 대한 심정을 청나라 때 끌려갔다 돌아온 '환향녀(還鄕女)'에 비유했던 그의 마음을 잘 알기에 가슴이 몹시 아팠다.

나는 "당 지도부 선거에 나가서 새롭게 정치 지도자가 되는 게 어떻겠느냐"고 조심스럽게 제안했다. 솔직히 당도, 당원들도 그에게 빚진 마음들이 있는 상황이었다. 국회의원은 못 되더라도 당내

논산 대둔산에서 안희정 도지사님과 함께

에서 새로운 지도자의 역할은 맡아야 한다고 생각했다. 그는 장고 끝에 최고위원 경선에 출마했고, 예상대로 당선됐다. 나도 서울로 올라가 3개월 정도를 그와 함께했다.

정치 욕심이 지나치다 보면 당장 살기 위해 영원히 죽는 길을 택하는 사람도 많은데, 희정이 형은 눈앞의 이익을 과감히 포기함으로써 결과적으로 영원히 사는 길을 택했다.

가시밭길을 묵묵히 견디며 건너와서 의연하게 충남도지사의 자리에 선 그는 시장으로 뛰고 있는 나에게 참 든든한 존재다. 힘든 고비를 만날 때마다 특유의 냉철함과 차분함으로 말없이 힘이 되어 주었다. 예나 지금이나 한결같이 하고 싶은 말은 한 마디뿐이다.

"희정이 형, 고마워!"

■ 계파보다 정책

정치 입문의 가장 일반적인 경로는 한 지도자를 중심으로 형성된 계파에 소속되는 것으로 시작된다. 그런데 나는 참 우연히 정치에 발을 들여놓았다. 대학원 시절이었던 1995년, 당시 이해찬 전 총리가 본부장으로 있던 조순 서울시장 선거대책본부로부터 정책연구위원을 맡아달라는 제의를 받은 게 계기였다.

나로서는 학업의 연장선이었기에 정치라는 것을 의식하기보다는 정책개발자의 역할이 크게 다가왔다. 한마디로, 정책전문가로서 정치를 시작한 셈이다. 그래서 소위 말하는 계파, 계보가 없다. 그러다 보니 때로는 외롭고 힘든 때도 있었다. 하지만 오히려 누구도 경험할 수 없는 귀한 기회를 가질 수 있었다.

조순 서울시장 선거대책본부 이후 1998년에는 고건 서울시장 선거대책본부 총무국장을 맡으면서 두 분의 훌륭한 지도력을 배울 수 있었고, 민주당 서울시지부 사무처장으로 일하면서는 박실·조순형·김덕규·이해찬 등 모두 네 분의 위원장을 가까이서 모실 수 있는 기회를 가졌다.

각 정당의 서울 사무처는 대의원의 3, 40%가 집중되어 있는 곳으로, 서울의 공조직을 모두 챙기는 막강한 조직이다. 때문에 시 당위원장에 당선이 되면 사무처장부터 자기 사람으로 바꾸는 게 관행이었다. 정치적 이해관계가 첨예하기 때문에 당연한 일이다.

그런데 나는 이례적으로 시 당위원장이 네 번 바뀌는 동안 계속해서 그 자리를 지켰던 것이다. 해방 이후 대한민국 정당사에서 찾아보기 힘든 사례라는 의미는 차치하고, 그 덕분에 나는 계보 정치의 한계를 넘어 신념과 원칙을 목숨처럼 지키는 어른이신 박실·조순형·김덕규·이해찬 위원장으로부터 훌륭한 정치철학과 정책적 마인드를 골고루 배우고 익힐 수 있었다. 참으로 감사한 일이 아닐 수 없다.

내 고향 논산, 나의 동지 황명선

안희정 충청남도지사

누구에게나 고향은 그립고 그리운 곳이다. 논산을 떠올릴 때마다 마음이 찡하고 가슴이 뛴다. 어릴 적 뛰놀던 들녘과 그 곳을 오가시던 어르신들의 넉넉한 웃음이 눈에 선하다. 그런 논산의 시장이 바로 황명선이다. 그래서인지 늘 마음이 든든하다.

황 시장은 가슴이 따뜻한 사람이다. 허전한 밤, 불쑥 전화를 걸어 "우리 술 한잔할까?" 하며 만남을 청할 수 있는 사람, 그는 나에게 그런 벗이다. 그 따뜻함이 나에게만 전해지는 것은 아닐 것이다. 그는 늘 시민들과 주파수를 맞추고자 노력을 한다. 그것이 바로 가슴 통하는 소통이다. 그래서인지 고향의 어르신들을 만날 때면 황 시장을 아들시장이라며 칭찬한다. 늘 겸손하고, 항상 웃으며 시민들을 대한다는 말을 들으면 내가 다 기분이 좋아진다.

황 시장은 따뜻한 가슴과 함께 부지런한 발을 가지고 있다. 새로운 논산을 만들기 위한 그의 노력은 하나하나 결실을 맺어가고 있다. 육군훈련소 영외면회제 부활, KTX 논산훈련소역 건립추진, 탑정호 수변개발사업시행, 충청 광역철도망 연장, 충청유교문화원 건립추진, 기업유치 등 결코 쉽지 않은 일들을 척척 도전하고 해내고 있다. 짧게는 며칠, 길게는 몇 달을 직원들과 함께하며 계획을 수립하고, 자주 도청을 찾아 협조를 구한다. 그 도전과 열정에 시청 직원들은 물론 도의 관계자들도 힘을 보태지 않을 수 없었을 것이다.

　황 시장을 만날 때면 늘 논산 걱정이다. 그리고 늘 더 나아지는 논산을 그리곤 한다. 도와 함께 3농 혁신을 통해 미래 농어촌 발전을 구상하고, 아이들이 더 나은 교육·문화·예술 환경 속에서 자라나도록 아낌없는 투자를 해야 한다고 강조한다.

　『나는 오늘도 가슴이 뛴다』에는 황 시장의 논산에 대한 열정과 사랑이 잘 담겨져 있다. 책장 한 장 한 장을 넘기면서 나 역시 가슴이 뛰고 뭉클해졌다. 그의 3년 반의 시정 이야기는 나에게도 참 좋은 공부가 되었다.

　나의 동지 황명선과 함께 더 좋은 민주주의, 더 나은 대한민국을 위해 더 열심히 뛰어야겠다. 그가 나의 동지인 것이 참 좋다.

대 한 민 국 행 복 지 자 체 1 번 지 논 산

3 사람·열정, 내 심장이 뛰는 이유

황명선의 행복한 논산 사랑 이야기

서울로 출근하는 시장

　시장이 되고 나서 나는 청사보다 서울을 그야말로 문턱이 닳도록 더 많이 오르내렸다. 논산은 농업 기반 도시라서 자체 예산이 부족해 중앙부처 예산을 끌어오는 방법밖에 길이 없었기 때문이다. 시장이 이렇다 보니 직원들도 덩달아 서울 출근이 잦아졌다.
　"논산시 공직자들이 제일 부지런합니다. 공직자들이 이렇게 뛰어다니는 지자체가 흔치 않습니다."
　중앙부처에서 장·차관, 국장들을 만나면 종종 이런 칭찬과 격려의 말을 전해 주곤 한다. 가슴이 뿌듯하면서도 한편으로는 가뜩이나 격무에 시달려 힘든데도 몇 배로 힘껏 더 달려준 직원들에게 고마울 뿐이다.

　처음에는 많이들 힘들어했다. 하지만 어느 순간, 직원들이 나보다 더 열정적으로 뛰기 시작했다. 그 열정은 서울사무소 파견 근무도 불사할 정도였다.

　2011년부터는 정부 예산을 효율적으로 확보하고 보다 적극적으로 대정부 활동을 하기 위해 서울사무소 파견 근무제를 확대 시행했다. 5~7급 공무원을 주축으로 본청과 사업소는 물론, 읍면동 직원을 포함한 3~5명을 한 조로 편성해 총 23개 부서 96명이 각각 2박 3일씩 근무했다. 상반기는 예산 확보, 하반기는 부서별 현안 과제 해결과 네트워크 강화에 중점을 두고 해당 부서 관련 중앙부처 관계자, 재경 출향 인사 방문·간담, 수도권 우수 시책 벤치마킹을 위한 선진 지역 방문 등의 업무를 수행했다. 고생이 이만저만 아니다.

　그런데 그만큼 시에 도움 되는 예산을 받아 와 기획한 사업을 추진하는 사례가 늘어가자 모두들 보람과 함께 신바람 나기 시작했다. 2012년만 해도 2월에 있었던 중앙부처 출향 공무원 초청 시정 현황 설명 간담회를 시작으로, 서울사무소와 연계해 139회에 걸쳐 228명이 기재부 등 중앙부처를 수시로 방문해 정부 예산 확보 활동을 벌여 가을에 이미 344건 3,318억 원의 정부 예산을 신청 완료했다.

　하루는 회식 자리에서 어느 50대 중반의 과장님이 말했다.

"지금까지 공무원 생활하면서 시장님과의 함께한 시간이 제일 힘들었습니다."

당시 그분에게 시의 핵심 부서를 맡겼던 터라 가슴이 뜨끔했다. 하지만 곧이어 이렇게 이야기했다.

"그런데 저한테는 굉장히 보람된 시간이었습니다. 시골에서 공직생활하면서 서울로 뛰어다니며 우리 지역을 위해 1,000억, 2,000억을 넘어 조 단위짜리 사업을 성사시키는 것은 생각도 못했었습니다. 그런데 시장님 말씀대로 뛰다 보니 진짜 그게 이루어지는 겁니다. 다른 지역에서는 못 하는 걸 우리가 해내니까 아주 신이 나더라고요."

누군가는 물었다. 도대체 그런 에너지가 어디서 나오느냐고. 내 답은 간단하다. 고향에서 젊은 지도자를 선택해 주셨으니까, 일할 사람을 뽑아주셨으니까 열심히 뛰는 것뿐이다.

얼마 전 타고 다니는 관용 차량 미터기를 계산해 보니 지구 다섯 바퀴 정도를 돈 거리가 나왔다.

서울에 올라가면 나는 철저히 '을'이 된다. '을'의 입장에서 부탁하고 설득하고 참아 내고 밀어붙인다. 문전박대는 기본이다. 한 번 부탁해서 될 리 없다. 계속 부탁하는 거다. 나는 '을'이니까. 논산을 위해서라면 그깟 '을', 얼마든지 될 수 있다.

논산의 세일즈맨

　2013년 5월 1일, 한미식품 그룹 4개사가 입주할 '강경농공단지'가 첫 삽을 떴다. 강경농공단지는 13만 640㎡(4만 평) 규모로, 2014년 3월까지 준공을 완료하면 ㈜한미식품·㈜덕산식품·㈜후레쉬코·㈜미젠 등 식품 전문회사가 입주하게 된다. 특히 한미식품 그룹은 ㈜한미식품·㈜덕산식품·㈜후레쉬코와 설립 예정인 ㈜미젠 등 식품 전문회사 4개사로 이뤄진 식품 전문 그룹으로, 2015년까지 총 1,254억 원을 투자할 예정이며, 약 1710명에 이르는 고용창출 효과로 지역농산물 수급 등 지역 경제 활성화에 커다란 역할을 할 것으로 기대된다.

안희정 충남도지사, 이인제 국회의원, 한미식품 그룹 관계자와 시민 등 1000여 명이 참석한 자리에서 축사를 하는 시간, 나의 첫마디는 "기쁩니다!"였다. 그것은 나와 우리 시민들에게 건넨 축복의 한마디다. 그 동안 동분서주했던 이유는 단 하나, 우리 시의 성장 동력 100년의 먹을거리를 만들기 위한 것이었다. 그 첫 단계인 기공식을 눈앞에서 보게 된 그 순간, 내 눈에는 말없이 나를 밀어주고 응원해 준, 내가 달릴 수 있도록 응원해 준 우리 논산시민들의 얼굴이 제일 먼저 들어왔던 것이다.

강경농공단지 착공식이 있기까지 수차례의 위기가 있었다.

첫 번째는 농공단지 관련 소관부처인 농림수산식품부가 국무총리실의 농공단지 지정 축소 원칙과 한 지자체에 2개 이상 지정해 줄 수 없다는 형평성 원칙을 들어 우리 시가 요청한 강경과 가야곡 제2농공단지 2개 사업은 불가능하다고 통보를 해 온 것이다.

나는 형평성 원칙을 모르지 않았다. 하지만 우리 시의 경우 당위성이 충분하다고 판단해서 추진한 일이었다. 포기할 수 없었다. 어차피 쉽게 되지는 않을 거라고 생각하고 있었다. 당장 농림수산식품부를 찾아가 담당사무관, 과장을 두 시간에 걸쳐 설득한 끝에 강경과 가야곡 제2농공단지 원안을 관철시켰다.

그런데 두 번째 위기가 찾아왔다. 이번에는 기획재정부가 단지 규모가 크고 역시 한 지자체에 2개의 농공단지를 지원할 수 없다는 논리로 강경농공단지와 관련된 예산을 21억 원이나 삭감하겠다는 것이다. 한 고개 넘었다고 생각했는데, 맥이 풀렸다. 하지만 반대로 생각하면 한 고개를 넘어온 것 아닌가. "시작이 반"이라고 했다.

나는 또 부랴부랴 서울로 올라갔다. 기획재정부 담당 사무관과 과장을 만나 우리 시의 지역 여건과 강경농공단지의 필요성, 입주 예정인 한미식품과의 관계 등의 이유를 들며 한 시간여에 걸친 설득 끝에 사업 예산 21억 원을 고스란히 지켜 냈다.

여기서 끝이 아니었다. 강경농공단지는 애초에 3만 평 부지로 지정 승인을 받았다. 그런데 아무래도 공장 부지가 작은 것이다. 기획재정부에서 예산 21억 원을 삭감하겠다고 한 것이 단지 규모가 큰 것 때문이었는데, 어떻게 확장 승인을 받을 수 있을까? 고민하고 또 고민했다.

농림수산식품부를 거쳐 기획재정부까지 처음 부지 승인을 받을 때와 똑같은 단계를 다시 밟았다. 부지를 확장하는 것인 만큼 설득은 배로 힘들었다. 마침내 최종 4만 평으로 승인을 받아 냈고, 축사주와 토지 보상을 해결하는 등 모든 절차를 마치고 착공식을 갖게 된 것이다.

그렇다고 한미식품 그룹 유치는 평탄했느냐, 그것도 아니었다. 사실 한미식품 그룹은 논산이 아닌 다른 지역으로 이전을 계획 중이었다. 규모가 작은 기업도 아닌 중견기업으로, 그것도 4개사를 이전하는 계획안을 수정시키기란 당연히 쉽지 않은 일이었다. 수도 없이 찾아가서 설득하고 또 설득했다. 원스톱(One-Stop) 행정처리와 기업이 하기 어려운 토지 보상 추진 업무를 대행해 주고, 관내 3개 대학과 마이스터고를 통해 맞춤형 인력을 공급하는 등 체계적인 지원과 배려를 아끼지 않겠다며 설득했다.

한미식품 그룹의 박승백 회장은 내가 국민대학교에서 강의하던 시절에 사제의 연을 맺은 관계이기도 했다. 그런 개인적인 관계까지 활용해서 결국은 원안을 접고 논산으로의 이전 결단을 내려주었다. 정말 감사한 일이다. 어떤 지자체든 대기업 유치를 위해 이 정도의 지원을 안 하겠는가. 나의 열정과 무수한 발품을 보고 큰 결단을 내리셨다는 것을 나는 잘 안다.

나는 취임 초부터 자칭 타칭 '활력 있는 경제 도시'를 만들어 내겠다는 '세일즈 시장'이었다. 세일즈맨의 기본은 열정과 발품이다. 나는 그 두 가지를 무기로 지구 다섯 바퀴를 돌 수 있었다.

기업유치를 하려면 우선 우리 시의 환경부터 기업하기 좋은 도시로 업그레이드 시켜야 했다. 나는 온라인 공장설립 민원서비스, 미니단지 구축, 창업 및 공장설립 상담코너 운영 등 다양한 해법을 모색했다. 원스톱 민원과를 만들어서 온라인 공장설립 민원서비스(Femis)를 운영했다. 공장설립 신청부터 공장등록까지 온라인으로 모든 절차를 마치도록 하는 시스템이다.

행정기관을 찾아가는 불편과 농지 및 도로 점용, 건축 허가 등 인·허가 과정을 원스톱으로 처리하여 민원의 투명성과 효율

한미식품 기공식 현장

성을 높일 수 있고, 기업인이 부담하는 인·허가 대행수수료를 절감할 수 있는 데다 무엇보다 처리 기한이 20일밖에 걸리지 않는다. 또한 투자에 걸림돌이 될 수 있는 지가 상승 등의 부담을 덜어 주기 위해 토지 보상을 시에서 대행해 줬다. 이는 기업유치를 위해 노력하는 자치단체들과 다른 차별화 전략이었다. 산업단지 외의 개발 방안으로는 저렴한 공장 부지 제공 및 설립절차 무료 대행, 측량, 설계 등을 지원하는 미니단지를 구축해 신속하게 저렴한 공장 부지를 확보할 수 있게 함과 동시에 기업이 부담해야 할 용역비를 줄일 수 있도록 했다.

기회가 될 때마다 기업인 초청 투자유치 설명회에도 부지런히 참석했다. "멀리 내다보면 기업하기 편한 논산"이라는 슬로건으로 논산시 입지 여건과 투자 환경에 대하여 설명했다. 지방 정부와 기업이 상호 윈(Win)-윈(Win)하는 것이 중요하며, 우리 시는 기업에게 필요한 노동력과 값싼 토지비용, 맞춤형 원스톱 인·허가 처리를 제공하고 있다는 것을 강조했다.

나는 논산에서는 시민과 공직자를 대표하는 시장이지만 기업유치 현장에서는 열정을 갖고 발로 뛰는 세일즈맨이다. 부모님께서 물려주신 사람 좋아하고 감성적인 천성은 아주 든든한 바탕이다. 진정성과 따뜻한 가슴, 폭넓은 친화력, 거기에 반드시 성사시키겠다는 열정과 부지런한 두 발. 오늘도 나는 뛰는 가슴으로 그저 달릴 뿐이다.

나만의 마스터키

성경에 "굳은 믿음은 산도 옮긴다."는 내용이 있다. 지난 3년 반 동안 나는 이 말을 몇 번 실감했다.

한미식품 그룹 유치를 성공시킨 뒤, 우리는 가야곡 제2농공단지에 입주할 또 다른 기업을 찾았다. 바로 동양강철 그룹이다. 동양강철 그룹은 1956년에 설립하여 아루샷시, 아이샷시, 시스템 창호, 커튼월 등을 생산하며 국내 알루미늄 분야의 주도적인 역할을 차지하고 있는 기업이다. 뿐만 아니라 미국, 중국, 베트남 등에 현지법인을 갖추고 전 세계로 수출하는 국내 유망 대기업 가운데 하나로, 총 9개의 계열사를 갖고 있다.

그런데 동양강철 그룹이 항구가 있는 지역으로 이전을 고려하고 있다는 것이었다. 품목의 특성상 제품의 70%를 수출하는 기업이니 항구 인접 지역이 유리할 것이다. 하지만 나는 일단 부딪쳤다. 회사든 어디든 회장님을 만날 수 있다면 찾아갔다. 미리 약속을 잡을 때도 있었지만 서울에 갈 일이 있으면 약속을 잡지 않고도 불시에 찾아갔다. 못 만나면 말고 만나면 바로 5분이고 10분이고 설득했다.

한번은 서울에서 업무를 마치고 내려오려고 하는데, 안희정 지사님이 유성에 와 계신다는 소식을 들었다. 순간, 이 기회를 놓치면 안 되겠다 싶어 박도봉 회장과 안희정 지사께 부랴부랴 연락을 드렸다. 다행히 두 분 다 시간이 가능하다고 했다. 장소는 인근 곱창집, 그야말로 번개 모임이었다.

먼저 도착한 분은 안희정 지사님이었다. 그 동안 동양강철 유치 과정을 다시 한번 상세히 브리핑했다. 동양강철 측에서 아직 결정을 내리지 못하고 있는 상태니, 오늘 이 자리에서 힘을 좀 실어달라고 부탁했다. 안 지사는 잘 알겠노라며 내 손을 잡았다. 얼마 안 있어 박 회장님도 도착했다.

우리가 만난 곱창집이란 곳은 사실 대기업 회장을 모시기엔 어떻게 보면 누추한 자리일 수도 있다. 하지만 나는 기업의 회장, 지자체장이라는 타이틀을 내려놓고 허심탄회하게 속 이야기를 할 수 있는 공간이라고 생각했다. 내 예상은 적중했다.

소주가 몇 순배 도는 동안 우리는 마치 오래된 선후배 사이처럼 편안하고 자연스럽게 이야기꽃을 피워 나갔다. 논산시장이라는 입장을 떠나서 동양강철이 논산으로 와야 하는 이유를 진심을 다해 설명했다. 거기에 안희정 지사님이 신뢰감을 실어주었다. 박 회장님도 마음을 다해 우리 이야기에 귀를 기울였다.

그렇게 동양강철에 공들이기를 1년. 마침내 공식적으로 동양강철 그룹에서 가야곡 농공단지에 입주하겠다는 사실을 알려 왔다. 가야곡 제2농공단지 8만 평에 2017년까지 3,000억 원을 투자하여 대전 소재 동양강철·울산 소재 고강알루미늄·충북 옥천 소재 알루텍·경기 화성 소재 케이피팅 등 동양강철 그룹의 핵심 사업장을 이전하고, 양지 2농공단지로 이전을 확정한 서울 소재 현대알루미늄과 더불어 '알루미늄 산업 클러스트'를 조성하겠다는 것이었다. 그룹 자체 분석 결과 2020년까지 1조 9,400억 원 매출에 고용 인원 3000명을 이루어 낼 것이라고 했다.

도청에서 MOU 체결이 있던 날, 박도봉 회장님은 "아무 때고 약속을 하지 않은 날에도 사무실까지 찾아와 단 5분이라도 설득하고 가는 모습과 동양강철 그룹의 사업 구조를 자신보다 더 잘 알고 있었던 것에 놀랐다."며 추진 과정을 회상했다.

그리고 세 시간 남짓했던 안희정 지사님과의 곱창집 회동 자리에서 나의 진심을 보고 이전 결정을 내렸다고 했다.

'있으면 활용하고 없으면 만들어 낸다.'는 우리 시의 도전정신이 또 한 번 이루어 낸 쾌거였고, 반드시 성사될 것이라는 믿음이 이루

동양강철 그룹 투자유치협약 체결식

어 낸 기적이었다.

또 하나는 충청권 광역철도망이다. 충청권 광역철도망은 세종시와 과학벨트의 성공적인 안착과 충청 지역 공동 발전을 위해 대전시의 도시철도 기능을 보완하고 충청권 주요 도시를 연결할 목적으로 구축되는 철도망이다. 그런데 시장으로 취임하자마자 김용훈 전 의원이 충청권 광역철도망에 논산이 빠져 있다는 소식을 전해왔다. 사실 여부를 확인해 보니, 이 철도망은 청주공항부터 계룡까지의 노선만 계획되어 있었다. 하지만 나는 타 지역으로 가려던 동양강철 그룹을 논산으로 방향을 틀게 했듯이 이것도 논산으로 이어지도록 할 수 있다는 믿음이 있었다.

우리 직원들 모두 열심히 뛰었고, 국토부와 국회 국토해양위 소속 국회의원 등 관계자들을 수차례 만나 설득한 끝에 청주공항에서 대전, 계룡을 지나 논산으로 이어지는 철도망 확정을 이루어 냈다. 2020년이면 이제 논산시민들도 전철을 타고 서울에 갈 수 있게 된 것이다.

■ 1%의 가능성만 있으면 어디든 간다

시장으로서의 내 지론은 4년 시정이 아닌, 논산의 100년 성장 동력을 만들어 내는 것이다.

농업 분야에서도 예외가 아니다. 더구나 도농 복합도시로 농업의 비중이 큰 논산에서 농업의 비전을 찾아내 실현해 나가는 것은 매우 중대한 현안이다. 인프라를 구축해 주고 선순환 경제구조를 만들어 내야 하는 것이다. 농업 기반 도시에서 농민들이 고품질의 농산물을 생산하지 않고 그 지역의 시장, 군수가 그런 농업 정책을 만들어 주지 않으면 앞으로 도태될 수밖에 없다는 생각이 들었다.

서울의 학교 급식에 친환경 우수농산물이 공급되는 시대다. 쌀만

3농 혁신(친환경 농법 우렁이 방사) 영농 현장 행사

해도 무농약으로 해야 하는데, 현실적으로 그런 농가가 얼마나 될 것인가. 경쟁력 있는 농업정책을 빨리 만들어 줄 수 있도록 해주는 것, 즉 친환경 농업으로 방향을 틀어 주고 유통구조를 개선하며 안정적인 판로를 최대한 많이 확보해 주는 것이 우리 시 농업에 있어서 향후 100년의 성장동력이라고 판단했다. 그래서 취임 직후부터 기업유치 사업 못지않게 이와 관련한 업무에도 행정력을 집중했다.

가장 대표적인 것이 친환경 농업생산 기반과 농업인증 기반 확대, 우수 농산물 관리제도(GAP) 정착, 농산물 종합가공 지원사업, 환경 친화적 축산업 육성과 명품 한우브랜드 육성사업 등 활기찬 농업 기반 조성에 박차를 가한 것이다.

그 결과 논산 딸기는 50년이 넘는 재배 역사를 토대로 친환경 농법인 미생물과 천적을 이용해 재배하고 있고, 꿀벌을 이용하여 화분 매개를 하는 등 녹색농업의 대표주자로 자리매김하면서 대도시의 소비자들로부터 인기를 한몸에 받고 있는 대표적인 효자 작목이 되었다. 2012년 11월에는 지식경제부로부터 우수 특구로 선정되어 지식경제부장관상을 받은 바 있다.

이처럼 친환경 우수 농산물로 경쟁 우위를 선점함으로써 미국, 러시아, 일본 등 까다로운 해외시장의 벽을 넘을 수 있었다.

첫 번째 낭보는 2013년 2월 미국으로부터다. 미국 뉴저지 주에 위치한 H마트와 농식품 수출 유통협력 협약을 체결하게 된 것이다. H마트는 연매출 12억 달러 규모로, 미국 전역에 5개의 물류 센터와

42개의 매장을 운영하고 있는 대형 유통업체다. 미국 시장 진출의 든든한 교두보를 확보한 것이다.

3개월 뒤인 2013년 5월에는 논산을 대표하는 강경발효젓갈의 미국 시장 진출이 확정됐다. 미국 LA에 소재한 식품 물류회사 코메리카(Komerica)와 '강경발효젓갈' 수출·입 및 유통판매에 관한 업무협약을 체결했다.

코메리카 사는 브라질 이민자 출신인 이병철 대표가 설립한 퍼시픽 커피 믹스(Pacific Coffee Mix)의 자회사로, 한국과 미국 등 세계 각국의 우수한 식품을 미국에 소개, 보급하는 대표적인 식품 물류회사다. 이 날 코메리카 사 이병철 대표는 올해 안에 100만 달러의 강경발효젓갈을 수입해 미국 내 16개 주에 납품을 확대할 계획이라고 밝히고, 수출과 수입뿐만 아니라 유통 판촉 활동도 적극 지원하기로 약속했다.

폭염과 장마가 한창이던 올해 7월에는 5박 6일 일정으로 일본을 찾았다. 1년 전 강경발효젓갈축제장을 방문하는 등 우리 시와의 교류 협력에 깊은 관심을 갖고 있던 와카바야시 요헤이 고텐바 시장이 후지 산 타이코 드럼축제를 맞아 공식 초청을 해왔기 때문이다. 고텐바 시는 시즈오카 현의 중심지에 위치한 인구 10만 규모의 도시로, 후지 산 등반의 거점 도시이며 고텐바 시 스야마구치 등산로는 후지 산의 구성 자산으로서 후지 산과 함께 지난 6월 세계문화유산에 등재되기도 한 아름다운 도시다.

일본 고텐바 시(좌측 두 번째, 카바야시 요헤이 시장)와 논산 농특산물 수출협약 회담

일본 다카마츠 시(좌측 첫 번째, 오오시니 히데코 시장)와 상호 교류 회담

LA 상공인 초청 논산시 투자유치 설명회

러시아 그라스프 사와 딸기 수출협약식

이번 방문은 가가와 현 다카마츠(高松) 시와 국립 가가와(香川) 대학교, 고텐바(御殿場) 시를 순회하며 강연·회담·수출 협력 등의 강행군이 예정되어 있었다.

그 중에서 특히 수출 협력 부문에 대한 준비를 철저히 했다. 다카마츠 시와 고텐바 시, 하나마사 등과 경제 교류 활성화를 통해 논산 농·특산품 판매를 위한 교두보를 확보해 일본 수출 시장을 개척하자는 계산이었다.

일본 전국시장회 사무총장을 만나 지방 분권 과제 등 관련 환담을 하고 나서, 나는 도쿄와 가나가와 등 50여 곳에 할인 마트를 운영하며 연매출이 4,000억 원에 이르는 ㈜하나마사 마트를 방문했다. 스즈키 사장, 후지하라 영업본부장을 직접 만나 두 시간에 걸친 협의를 통해 딸기·멜론·수박·방울토마토 등 지역 우수 농산물에 대한 수출 합의를 이끌어 내고, 수출 협력에 관한 양해 각서를 체결했다. 이로써 딸기, 고추냉이 등 논산의 농·특산물이 깐깐한 일본 시장에 진출할 수 있게 되었다.

밸런타인데이, 딸기 싣고 러시아로

　2013년 2월 14일, 밸런타인데이에 나는 블라디보스토크행 비행기 안에 있었다. 수하물 칸에는 논산 딸기를 실은 채였다. 취임 후 거의 3년 만의 첫 해외 출장이다. 러시아에 논산의 농산물 판로를 개척하기 위한 출장길이었다.
　러시아는 알다시피 농산물이 부족한 나라다. 판로만 열리면 다양한 우리 논산의 농산물들을 얼마든지 수출할 수 있는 훌륭한 시장이 될 수 있다.
　이 출장이 이루어지기 전, 그러니까 2012년 12월에 나는 논산 딸기를 수출하기 위해 공무원과 관계자들을 블라디보스토크 현지에 파견했다. 그리고 시장 조사 및 수출 가능 품목에 대한 현지 반응을 사전 조사했다. 조사 결과 긍정적인 피드백이 확인되었다. 극동 지역 최대의 유통회사인 그라스프(GRASP) 사와 수출협약을 체결하게 된 것이다.

러시아 블라디보스토크에 소재한 그라스프(GRASP) 사는 연매출액 2억 8,000만 불(약 3,000억 원) 규모의 극동 지역 최대 유통회사로, '빠루스'라는 슈퍼마켓 체인을 14곳이나 운영하고 있는 러시아 굴지의 기업이다. 그런 기업과 수출 협약을 체결한다는 것은 대단히 큰 기회가 아닐 수 없다. 이참에 나는 논산의 고품질 멜론, 수박, 토마토, 새송이버섯 등의 판로와 수출 물량을 확대해 볼 계획이었다.

러시아의 2월 기온은 평균 영하 25도. 공항에 내리니 코끝이 얼어붙는 듯했다. 숙소에 짐을 풀고 언 몸을 녹인 뒤, 우선 블라디보스토크 시청에서 열린 간담회에 참석했다. 농산물 판로 확대에 대한 협조를 구했는데, 반응이 매우 긍정적이었다. 블라디보스토크 시에서는 몇 개월 후에 있을 도시 간 국제회의에 나를 공식 초청하는 등 우리의 방문과 제안에 매우 큰 관심을 보였다.

간담회를 성공적으로 마치고 빠루스 슈퍼마켓으로 갔다. 딸기를 일일이 찍어 시식하도록 러시아 사람들에게 나누어 주며 판촉전을 펼쳤다. 관내 이정익 농협논산시지부장·이종빈 강경농협조합장·김수종 부적농협조합장·전윤호 성동농협조합장·신용훈 노성농

협조합장을 비롯해 윤석범 논산 방울토마도 수출농단 대표 · 홍석면 수출 딸기 작목회회장 · 유재수 논산수박연구회 영농조합회장 · 이성구 논산 수출 멜론 연구회회장 등이 목청을 높여 홍보를 했지만, 블라디보스토크 시민들은 코리아의 지방도시 논산에서 온 이방인들에게 눈길 하나 주지 않았다. 어떻게든 논산 딸기를 홍보해야 하는 절박한 이 순간에 유튜브(Youtube)를 통해 전 세계에 알려진 가수 '싸이'의 노래 〈강남스타일〉과 '말춤'이 떠올랐다. 동행한 코트라(KOTRA) 직원을 통해 블라디보스토크 시민들에게 〈강남스타일〉과 '말춤'을 알고 있는지를 물었다. 코트라 직원들이 말을 전하기가 무섭게 블라디보스토크 시민들이 망설임 없이 '말춤'을 추는 것이 아닌가!

우리는 현장에서 긴급 세일즈 전략회의를 했다. 이심전심으로 다같이 '말춤'을 추자고 합의했고, 모두 벌게진 얼굴과 어색한 몸짓으로 양손에 딸기를 들고 말춤을 추기 시작했다. 그때까지 우리 행사에 별다른 관심을 갖지 않았던 쇼핑센터 안 블라디보스토크 시민들이 하나둘씩 모여들었고, 신기하게도 준비해 간 논산 딸기들이 쇼핑카트 안에 담기기 시작했다. 결과는 그야말로 완판, 대박이었다. 어느 일간지 기사에 쓰인 표현대로 "우리 논산의 신선하고 달콤한 딸기 맛은 동토의 땅 러시아 사람들을 단박에 홀린 것"이었다.

이튿날, 마침내 협약식이 있었다. 그라스프 사 대표, 농협조합장, 품목별 생산자 단체, 수출업체 대표 등 20명이 참석한 가운데 이루어진 협약식에서 논산시 농·특산물 러시아 수출사업이 원활히 추진될 수 있도록 상호협력하기로 합의했다.

그 날의 협약을 계기로 딸기를 비롯해 멜론, 토마토, 수박, 새송이버섯, 파프리카 등 5개 품목을 추가하는 내용이 새롭게 합의됐다.

이런 노력으로 2013년에만 약 100만 불의 수출 물량이 가능해졌고, 그 물량은 지속적으로 증가 추세에 있다.

짧은 기간이었지만 블라디보스토크는 러시아 극동 지역의 경제도시로, 세계 우수 농산물이 한자리에 모이는 것은 물론이거니와 딸기 500g 한 팩에 3만 원 정도에 판매되는 것을 보고 블루오션 지역임을 실감했다.

우리 지역 경제의 기반이 되어 온 농업을 어려운 여건 속에서도 포기하지 않고 발전시켜 와 준 논산의 농업인들의 얼굴이 스쳐갔다. 이번 협약을 계기로 해외 수출 판로를 계속해서 개척

러시아 그라스프 사 드미트리 부사장 일행과 딸기 축제장에서

사람·열정, 내 심장이 뛰는 이유 95

해 가면 우리 농가의 소득이 늘어나겠구나 생각하니, 영하 25도의 땅에서도 가슴만은 뜨거워졌다.

그로부터 한 달 뒤, 바로 그라스프 사 임원진이 2박 3일 일정으로 논산을 방문했다. 딸기 수출의 최대 블루오션 지역으로 떠오르고 있는 러시아 블라디보스토크 유통업체 관계자들이 딸기를 비롯해 토마토, 파프리카 등 친환경 재배 현장을 직접 보기 위해서였다.

방문단들은 청정 논산 딸기 재배 현황을 둘러보고 딸기 수확 체험을 했으며, 토마토 농장을 찾아 지열 냉·난방 시스템과 온실 등 위생적인 현대화 시설 농산물 생산 현장을 견학했는데, 시설을 볼 때마다 감탄사를 연발했다.

또 딸기축제장을 찾은 방문단은 체험행사에 직접 참여해 축제를 즐겼다. 특히 개막식에 참석한 드미트리 부사장은 올 해 2월 나를 비롯한 우리 대표단이 블라디보스토크 현지에서 열성적으로 홍보하고 판매 촉진행사를 개최해 논산 딸기가 러시아에 널리 알려졌으며, 품질이 좋고 맛이 좋아 수입을 결정한 바 있다면서 이번 방문을 통해 재배 현장을 직접 보면서 딸기의 우수성을 재확인하게 되었고, 앞으로 더 많은 물량을 수입할 계획이라고 밝혔다. 순간 우리 농업인들의 얼굴에 기쁨과 희망의 빛이 번졌다.

〈이등병의 편지〉

"집 떠나와 열차 타고 훈련소로 가는 길 부모님께 큰절하고 대문 밖을 나설 때 가슴속에 무엇인가 아쉬움이 남지만……."

대한민국의 젊은 남성이라면 수도 없이 불러 보고 또 불러 본, 그때마다 부르는 이도 듣는 이도 모두 가슴 뭉클해지는 노래다. 사랑하는 부모님, 친구들을 떠나는 아쉬움과 그리움을 뒤로 한 채, 그래도 젊은 날의 생과 꿈이 비로소 다시 시작된다는 각오를 다지며 입영 열차에 오르는 장하고 대견한 우리 아들들의 뜨거운 마음이 전해져서 들을 때마다 코끝이 시큰해진다.

가수 김광석의 노래로 더 많이 알려졌지만, 사실 이 노래는 들국

화의 전인권이 먼저 불렀다. 그때가 1990년이니까 사실 내가 군대 갈 때는 이 노래를 부르지 않았다. 그때는 최백호의 〈입영전야〉를 부를 때였다. 오히려 대학생활을 하면서 입대하는 후배들과 함께 많이 불렀던 노래다.

그런데 논산에 내려온 뒤로는 이 노래를 들을 때마다 안타까운 마음이 더 커졌다. 논산훈련소에 한 번이라도 가 본 사람이라면 잘 알 것이다. 현재 육군훈련소를 찾는 인구는 입소병과 가족들, 면회객을 통틀어 연간 130만 명 정도가 된다. 그런데 이들은 KTX 논산역 정차 회수가 극히 제한되어 있을 뿐만 아니라 논산역에서 훈련소까지의 대중교통 수단 역시 원활하지 않아 불편을 호소하며 울며 겨자 먹기로 자가 차량을 이용하고 있다. 그러다 보니 입소행사와 면회행사가 있는 날이면 많은 차량이 일시에 훈련소로 집중하는 사태가 발생해 상습적으로 극심한 교통체증이 벌어지는 것이다. 상황이 이렇다 보니 면회 당사자인 입소병과 가족들에게는 영광스러운 입소행사와 편안해야 할 면회행사가 고난과 고역의 행사로 각인되는 안타까운 상황이 지속되고 있다.

모순되게도 대한민국 국민 누구든 신속하고 편리하게 이용할 수 있는 고속철도가 연간 130만 명의 입소병, 가족들, 면회객들에게 만큼은 결코 마음 편히 이용할 수 없는 그저 불편하고 서운한 교통수단일 뿐인 것이다. 그런데 지금의 이 불편하고 제한적인 고속철도 이용마저 더욱더 큰 어려움이 따를 것으로 예상된다. 2015년 말에 완공 예정인 호남고속철도를 이용해 훈련소 입소와 면회를 하려면 육군훈련소가 위치하고 있는 논산 지역이 아니라 공주역과 익산역을 이용해야 하기 때문이다. 이럴 경우 사실상 고속철도를 이용해 입소행사와 면회행사에 참여하는 입소병과 가족들의 수는 급격하게 줄어들 것이 뻔하다. 이러한 조치는 국민들의 입장에서 볼 때, 국가가 인생의 가장 중요한 시기를 유예하고 국방의 의무를 다하고자 하는 청년들에게 최소한의 예우마저 저버리는 참담한 조치가 아닐 수 없다. 국민 누구나가 이용할 수 있는 고속철도를 정작 국방의무자들인 당사자들은 이용하지 못하는 꼴이다. 어쩔 수 없이 막히는 고속도로와 국도를 이용해 불안하고 불편하게 조급한 마음으로 훈련소를 찾아야 하는 심정은 그 어떤 정치적 논리와 경제적 논리에 앞서 국가가 헤아려 줘야 할 국민적 아픔이라고 생각한다.

그래서 나는 취임 이후 지금까지 2015년 말 완공 예정인 호남고속철도 노선상에 '논산훈련소역' 설치를 위해 혼신을 다해 뛰어왔다. 나와 직원들은 국토부와 국방부를 셀 수 없이 방문해 KTX 훈련소 정차 역사 신설을 위한 중앙정부의 지원을 요구하고, 중앙 정치권을 찾아 부처 간 협의를 통해 국가적 차원에서 KTX 훈련소역 신설을 적극 추진해 줄 것을 건의했다.

또, 국회 국방위원회 안규백 간사를 찾아가 KTX 훈련소 정차역 신설에 대한 당위성을 국회 국방위원회 차원에서 공론화해 줄 것을 요청하기도 했다. 이에 공감한 안규백 의원은 마침내 정부, 각계 전문가가 참여한 '호남고속철도 논산훈련소역 설치 국회 정책토론회'를 열어 정부 차원의 공론의 장을 마련해 주었다.

내가 이렇게 신념을 가지고 뛸 수 있었던 것은 지난 2006년, 호남고속철도는 아무런 고민과 협의 없이 정치·경제적 논리에 따라 결정되었기 때문이다. 다시 말해 국민 편의와 국가 안보 차원의 검토가 없었던 것이다.

호남고속철도 육군훈련소역이 건립되면 국가적으로 강한 군대 육성에 매우 중대한 기능을 수행할 수 있다. 국내외의 많은 군사 전문가들은 북한이 전면전도 불사할 수 있다고 예상하고 있지만, 다른 한편으로는 남북한의 대규모 전면전은 남북한의 공멸일 뿐이라는 결과도 예측되는 만큼 공해상이나 휴전선상의 국지적인 전쟁 가능성을 더 높이 점치고 있다. 이와 같은 국지적인 도발에 대한 대처의 핵심 관건은 유사시 신속하고 기동성 있는 군 지휘부 소집과 보충 병력 배치일 것이다.

논산과 인근 지역에는 육·해·공군 지휘부가 위치한 계룡대, 육군훈련소, 육군하사관학교, 육군항공학교, 그리고 현재 이전을 진행 중인 국방대학교 등이 위치하고 있다. 따라서 북한의 국지적 도발이 발발할 경우 모든 핵심 지휘부와 전투 병력 지원이 이루어질 군사전략상의 핵심 요충지다.

따라서 호남고속철도 신설 노선에 논산훈련소역이 생긴다면 신속하고 기동성 있는 군 지휘부 소집과 병력의 배치, 이동으로 완벽

호남고속철도 '논산훈련소역' 설치 국회 정책토론회

한 군사 준비 태세를 확보할 수 있을 것이다. 또한 평상시에는 대한민국의 최정예 장병들이 신속하고 편리하게 고속철도를 이용하여 작전훈련과 군사전문교육을 연마할 수 있는 군사핵심 지역의 관문으로서 최상의 기능을 다할 수 있다.

이런 이유로 나는 130만 명의 입소병과 가족들이 영광스럽게 입소하고 편안하게 면회할 수 있도록 호남고속철도 논산훈련소역을 건립해야 한다고 생각한다.

논산훈련소역의 건립은 단순히 고속철도가 정차하는 일개 기차역 건립의 차원을 넘어 국가가 국민을 위해 존재한다는 사실을 전 국민이 누대에 걸쳐 몸과 마음으로 느낄 수 있도록 해 주는 가슴 뜨거운 대역사라고 나는 믿고 있다.

아무런 보상 없이 국가의 부름에 인생의 소중한 한 시기를 반납하고 사랑하는 가족, 연인을 뒤로 한 채 외로운 마음으로 힘들게 떠나야 했던 장병들의 입소 길은 좀 더 편안하게 이어져야 하지 않겠는가. 소중한 아들, 사랑하는 연인을 찾아가는 그리움과 설레임의 그 길은 좀 더 가까이 이어져야 하지 않겠는가 말이다.

KTX '논산훈련소역' 왜 안 되나

어린 시절, 나는 논산훈련소 인근에 살면서 탈영하는 훈련병을 많이 보았다. 상급자의 폭력까지 기강 확립이라는 이유로 아무렇지 않게 허용되던 시기의 일이었는데, 놀랍게도 훈련병들의 탈영 이유는 폭력적 군대문화 때문이 아니라 대부분 배가 고파서였다. 밖으로 배출돼 나오는 훈련소 '짬밥'의 경우, 장교식당에서 나오는 짬밥엔 뜯다 만 닭다리도 어연번듯이 나오는 참에 훈련병들 식당 짬밥은 멀떡국물뿐이라고 마을 사람들은 곤잘 혀를 찼다. 절대빈곤 시절의 전설 같은 이야기다.

그때에 비한다면 지금 훈련병들의 문화는 경이롭게 변했다. 탈영하는 병사도 없거니와 배고파서 탈영한다는 건 상상도 할 수 없는 '풍요의 시대'가 됐다. 그렇다고 우리의 국방을 짐 지운 젊은 병사들을 위한 사회문화적 예우가 충분한 건 아니다. 오히려 여전히 홀대받는 경우가 적지 않다.

그 대표적인 사례가 KTX '논산훈련소역'이 설치되지 않는다는 것이다. 공사 중인 호남선 KTX에서 논산 인근의 역으로는 '익산역'과 '공주역'이 있을 뿐이다. 국방의 간성인 훈련소역을 배제한 것은 계획 단계에서의 '정치적인 고려'라고밖에 볼 수 없다. 논산훈련소는 1년에 12만 명 이상이 입대하고 매주 1800여 명의 훈련병이 영외면회를 나온다. 어디 그뿐인가. 인근엔 항공학교·국방대·3군 본부가 있고, 우리 국방의 초석이 될 국방대학교 시공을 앞두고 있다. 논산을 오고 갈 군인과 그 가족들의 수가 최소 연간 130만 명이 넘을 것으로 전망된다. 아울러 국가안보에 중대한 문제가 생겼을 때 신속한 부대 이동이나 군수물자의 수송은 또 어떻겠는가.

사정이 이런데도 예산 타령을 하면서 '훈련소역'을 배제한 걸 방치하는 것은 국방을 최우선시하는 정부나 집권당, 군 지휘부의 총체적 직무유

기라고 아니할 수가 없다. 당신들은 좋은 승용차로 왔다 갔다 할 테니 병사들이나 그 가족들은 버스나 완행열차 타고 고행하듯 오가도 상관없다는 말인가. 유사시에 군 지휘부의 요인들이나 이동해야 할 병사들이 차량 정체에 막혀 도로 위에 갇혀 있더라도 문제될 거 없다는 뜻인가.

나는 대표적 문화시설인 '예술의 전당'이나 '국립극장'이 지하철역과 연계하지 않은 정책 입안자들을 '돌대가리'라고 욕한 적이 있다. 이번 경우도 똑같은 심정이다. 겉으로는 자주국방을 외치면서 속으로는 정치적인 논리만 따라가는 것이 나라에 대한 진정한 충성인지 되돌아볼 일이다.

요즘 나는 논산에서 살고 있다. 예절과 충절의 전통이 깊은 이 곳에서 사는 일이 나는 늘 자랑스럽다. 그렇지만 내겐 좋은 차가 있고, 그러므로 KTX를 이용할 일도 거의 없다. 그러니 내 주장을 사적인 욕심으로 오해하지 말기를 바란다.

훈련병을 면회 온 늙은 어머니나 할아버지가 불편한 몸을 이끌고 논산역에 내려 선뜻 걸음을 떼지 못한 채 허리를 두드리고 있는 풍경을 보는 것은 늘 있는 일이다.

늦었다면 간이역 수준이라도 상관없다. 나라를 위해 빛나는 젊은 날을 바치고자 입대한 훈련병들과 그 가족을 위해 '훈련소역'을 설치해 최소한 입대, 배출 날짜와 면회하는 날이라도 선별적으로 열차가 설 수 있게 하면 될 일이다. 그 어렵던 이승만 시절에도 논산훈련소가 있어 철도를 깔고 '연무역'을 만든 것이 정부였다. 국방, 특히 병사들을 생각하는 마음이 그때에 비해 퇴보하지 않았다는 것을 실천적으로 보여 줄 한 상징으로서 '논산훈련소역'의 문제가 있다.

박범신(작가·상명대 석좌교수,《동아일보》2013년 9월 4일자 기고)

아, 탑정호!

논산에서 내가 제일 좋아하는 길이 하나 있다. 머리가 무겁거나 뭔가 생각할 거리가 있을 때 차를 타고 한 바퀴 돌곤 하는 곳이다. 바로 논산 8경 중 2경으로 꼽히는 '탑정호'다.

탑정호는 대둔산에서 흘러내린 맑은 물이 운주와 양촌을 지나 모여 만든 청정호반으로, 둘레가 무려 24km에 이른다. 봄이면 호숫가에 날리는 벚꽃이 황홀하기 그지없고 탑정호에서 맞이하는 해넘이는 또 얼마나 감격스러운지 모른다.

그런 만큼 아쉬움이 큰 곳이기도 했다. 둘레가 24km면 충청남도에서 두 번째로 크고 자연 경관이 매우 잘 보존된 호수다. 하지만 낚시나 농업용수로만 쓰일 뿐 그 규모에 비해 생산적인 역할을 전혀 하지 못하고 있었다. 또한 일부 구간에만 조성되어 있는 수변생태공원을 빼면 시민들이 이 아름다운 호수를 마음 편히 즐기고 감상할 수 있는 여건도 갖춰져 있지 않은 상태였다. 민선 5기 시장으로 취임하면서 탑정호 수변개발사업에 무엇보다 강한 의지를 갖고 추진해 온 것도 바로 그런 안타까움에서였다.

빼어난 자연 경관과 그 규모를 생각할 때, 탑정호는 에버랜드나 비발디파크처럼 전국적인 국민관광 휴양단지로 조성하기에 충분한 곳이다. 논산시의 든든한 성장동력이 될 수 있는 자원인 것이다. 때문에 지자체 예산만으로는 불가능한 사업이었다. 나는 고민했다. 방법은 하나, 중앙부처의 예산을 끌어오는 것이다.

세일즈 시장을 자처하고 나섰지만 사업 규모가 크다 보니 쉽게 답이 나오지 않았다. 그러던 중 농어촌공사에서 수변개발사업 대상지를 선정한다는 소식을 들었다. 따져보니 전국의 저수지는 1만 7000여 곳, 그 가운데 1차로 7개 지구를 선정한 뒤 최종적으로 순위를 정해 지원한다는 것이었다.

취임 직후 바로 우리는 모든 행정력을 집중해 발 빠르게 준비했다. 경기도 의왕에 있는 농어촌공사 본사를 문턱이 닳도록 드나들며 일선 담당자는 물론 임원진까지 일일이 만나 호소했다. 마지막으로 홍문표 사장과의 면담을 추진했다. 면담은 어렵게 성사되었고 주어진 시간은 단 5분이었다.

'어떻게 하면 그 짧은 시간 안에 탑정호 수변개발사업의 정당성을 전달할 수 있을까?'

면담을 기다리는 동안 오직 그 생각뿐이었다.

마침내 홍문표 사장과의 면담이 시작됐고, 나는 왜 논산 탑정호를 개발해야 하는지 어떻게 개발할 것인지 청사진을 제시했다. 그리고 지역 경제에 미칠 기대 효과를 세세하게 설명했다. 이야기를 마쳤을 때 내 손에는 어느새 땀이 흥건히 배어 있었고, 시계는 예정된 5분을 훌쩍 넘겨 무려 한 시간이 지나고 있었다.

사실 홍문표 사장은 전 한나라당 소속 국회의원이었다. 출신 정당도 다른 작은 도시의 시장이 찾아와 바쁜 시간을 쪼개 달라고 했을 때, 1만 7000여 개나 되는 저수지 중 하나일 뿐인 탑정호에 대해 굳이 시간을 할애해 들어볼 필요가 있을까 생각할 수도 있는 일이었다. 하지만 그분은 정당 정파를 떠나 나의 이야기에 귀를 기울여 주었다.

면담을 끝내고 내려오는 차 안에서 비로소 나는 넥타이를 풀었다. 열정을 다 한 면담 후 온몸에 힘이 탁 풀렸다. 그리고 하늘을 올려다보았다.

출신 정당은 달랐지만 홍문표 사장과의 면담에 나는 희망을 걸었다. 홍문표 사장은 제17대 국회의원 재임 중 이른바 '홍문표법'이라 일컫는 '농어업용 면세유 세금 감면 기간 5년 연장', '축산발전기금 존치 관철' 등 농업과 농민 권익을 위한 활동으로 '한국농업의

탑정호 전경

대부'라고 칭해지는 분이라는 것을 잘 알고 있었기 때문이다.

나중에 농어촌공사 논산지사 신청사 준공식에 참석한 자리에서 그는 "젊은 시장이 멀리서 찾아와 열정적으로 논산의 농업을 살리고자 하는 그 진정성에 깊은 감명을 받았다."며 당시를 회고했다.

2011년 3월 29일 오전, 박천규 한국농어촌공사 논산지사장이 집무실을 방문했다. 나는 가슴이 뛰기 시작했다. 조심스럽게 표정을 살피며 눈으로 먼저 물었다. 곧이어 박 지사장이 말문을 열었다.

"본사로부터 논산 탑정호가 2011년도 저수지 수변개발사업 7개 지구에 선정됐습니다."

아! 그 순간의 그 기쁨을 어떻게 표현할 수 있을까. 취임 직후부터 온 행정력을 집중해 추진해 온 중대 현안이 1년 8개월 만에 결실을 보게 된 것이다.

사람·열정, 내 심장이 뛰는 이유 109

하지만 아직 끝난 게 아니었다. 1위로 선정되면 약 1,000억 원이라는 거액의 사업비를 투자 받을 수 있는 사업이었다. 우리의 목표는 이제 이 7개 저수지 가운데 상위권에 드는 것이었다. 어떻게든 상위권에 들어 더 많은 사업비를 투자받아 애초의 청사진대로 완벽하게 개발을 해내는 것이었다.

순위가 발표되는 9월을 긴장 속에서 기다렸다. 그리고 마침내 9월이 왔다. 7개 저수지 가운데 두 곳을 먼저 시행하는데, 그 두 곳에 우리 탑정호가 선정되는 감동의 성적표를 받은 것이다. 그리고 이어서 2012년 6월에는 경영위원회심의에 따라 강화 고려지와 함께 최종적으로 우선 추진 지역으로 선정됐다.

105년 민족공기업으로서 농어민의 소득 창출과 희망을 주는 것이 한국농어촌공사의 존재 목적이다. 한국농어촌공사와 함께 우리는 탑정호를 이제 시민과 더불어 문화·관광체험단지로 조성하는 동시에 도농 간 직거래 장터를 만드는 등 농업인 소득 기회 증진에 도움이 되는 방향으로 추진해 나갈 계획이다.

앞으로 5년 후, 우리는 환경의 소중함을 알리고 외지인이 휴식을 즐기는, 그리고 특유의 독특한 생태·문화 공간을 통해 관광객이 머물 수 있는 전국 최고의 복합 레저 단지로 변모한 탑정호를 만날 수 있다.

13년 만의 부활, '영외면회제'

대한민국 국민들이 '논산' 하면 제일 먼저 떠올리는 것이 아마도 '육군훈련소'일 것이다. 육군훈련소는 1951년 11월에 창설됐다. 반세기 동안 육군훈련소가 위치한 연무 지역 주민들은 선진정예 신병 육성을 위해 훈련에 따른 소음과 통행 불편, 재산권 행사 제한 등 많은 애로사항을 감수해야 했다. 거기다 1998년부터 면회제가 중단되면서 지역 경제는 장기 침체의 늪에 빠졌다. 그러던 면회제가 약 13년 만에 영내면회, 즉 부대 안에서의 가족면회제로 부활되었다. 하지만 나는 여전히 아쉬웠다. 훈련병과 가족들의 면회가 영내에서만 이루어지는 정도로는 지역 경제에 큰 의미가 없었다.

사람이 찾아올 수 있는 동력이 있다는 것은 지역 발전을 위해 굉장히 도움이 되는 자원이다. 훈련소는 한 해 훈련병만 130만 명, 그 가족과 지인들까지 합하면 수백만 명이 찾아오는 곳이다. 시장으로서 정말 안타까운 일이 아닐 수 없었다. 더구나 이것은 단순히 논산 경제 발전에만 도움이 되는 일이 아니라 군 사기와도 직결되는 사안이었다. 4주간의 고된 훈련을 마친 훈련병들이 단 하루라도 훈련소 밖으로 나와 보고 싶었던 가족과 친구들을 만나 맛있는 음식을 나누고 함께 편안하게 지낼 수 있도록 하면 훈련병과 부모가 심리적으로 안정될 것이다. 이는 곧 훈련 성과 향상으로 이어져 군 사기 진작은 물론 국방력 강화 효과를 가져올 수 있지 않겠는가.

나는 전략기획실 내에 면회제 관련 정책팀을 재편하고 영외면회제 시행과 면회객 불편 해소를 위한 친절 교육, 음식업소 지도 점검 등 종합대책을 추진했다. 영외면회제가 실시됐을 때 혹시라도 가족이 면회 오지 못한 장병들을 위해서는 논산 투어 계획도 세워 뒀다.

한편, 국회가 열릴 때마다 여야를 막론하고 국회 국방위원회 소속 국회의원을 일일이 만나 설득했다. 대부분 '그게 되겠느냐'는 반응들이었다. 하지만 포기하지 않았다. 국회 국방위 소속 의원이 16명인데, 그 16명을 다 만났다. 한 번 국회를 방문해서 의원들을 다 만날 수가 없으니, 의원들 시간에 맞춰 총 50여 차례 국회를 방문했다. 뿐만 아니라 개인적으로 가까운 의원들에게 영외면회제 관련 질의가 이루어질 수 있도록 부탁도 하고, 국정감사 종합감사 때에는 원유철 국회 국방위원장, 정세균·안규백 의원 등 전체 국방위원과 김관진 전 국방부 장관을 비롯한 군 수뇌부를 만나 영외면회제 시행을 적극 건의했다.

마침내 2011년, 영외면회제가 승인되었고 같은 해 11월 23일, 첫 영외면회가 실시되었다. 면회가 실시되기 전날, 김관진 국방장관은 전화를 통해 "그 동안 수고했다."는 말과 함께 호객 행위와 바가지 요금을 철저히 금지하고 친절에 특히 신경 써서 시범 실시가 아닌 영구 실시가 될 수 있도록 하라고 당부했다. 영외면회제 추진을 위해 뛰어다닌 시간들을 기억해 주시고 애정 어린 당부를 잊지 않으신 김관진 장관님께 지면을 빌어 다시 한번 감사의 마음을 전한다.

그토록 염원했던 영외면회제 시범 실시 첫 날, "면회 가족 여러분 환영합니다", "가족처럼 모시겠습니다" 등 다채로운 환영문구 현수막이 내걸린 논산 육군훈련소 일원이 첫 영외면회로 종일 들썩였다.

11월~12월 두 달간 시범 실시가 결정된 후 처음 치러진 그날, 육군훈련소 영외면회에는 기본 훈련을 수료한 훈련병 1500명을 비롯해 아들을 만나기 위해 전국에서 달려온 가족 등 7500여 명이 운집한 가운데 수료식이 치러졌다. 한결 늠름해진 아들들의 가슴에 계급장을 직접 달아주는 부모들은 감격을 감추지 못했으며, 오전 11시 훈련 수료식을 마친 가족들은 영내 또는 인근 지역으로 자리를 옮겨 회포를 풀 수 있었다. 특히, 면회 위수 지역이 30분 이내 거리로 결정됨에 따라 훈련소 인근은 물론 양촌·벌곡 지역 펜션 등 숙박시설은 예약이 일찌감치 완료됐으며, 그 동안 위축된 경기로 썰렁했던 시내 일원 음식점 등에도 인파가 몰려 시민과 상인들의 얼굴에는 모처럼 활기가 넘쳤다. 참 가슴 뿌듯한 풍경이었다. 되살아난 도시에 신바람이 불고 있었다.

나는 이날 오전 9시부터 입소대대 외 74개소에 사회단체 및 공무원 572명을 배치해 호객행위, 노점상, 바가지 요금 등 사전 차단을 위한 계도 활동을 비롯해 불편 사항을 모니터링 하도록 했다. 그리고 실·국장들과 함께 수료식 후 면회객이 많이 찾을 것으로 예상되는 현장을 직접 찾아 영외면회의 전반적인 진행 현황을 챙겼다.

"입소할 때는 생각지도 못했는데 이런 시간을 갖게 돼서 얼마나 기쁜지 모릅니다."

그날 만난 수많은 훈령병과 부모님들의 말씀을 듣고 영외면회제 실시를 위해 국회로, 정부로 뛰어다니던 때의 힘든 기억들이 눈 녹듯이 사라지는 기분이었다.

우리는 그날 모니터링 한 결과를 취합해 도출된 문제점을 지속적으로 해소해 면회객들의 불편 사항을 최소화했다. 또 시범 실시 기간 동안 매주 3회씩 총 14회에 걸쳐 공무원과 사회단체 316명을 훈련소 입소대대 및 연무읍 주요 시내 지역에 배치해 입대 장병 및

육군훈련소 영외면회제 실시로 가족들과 함께 즐거운 한때를 보내는 훈련병들

면회객을 대상으로 친절 안내와 불편 사항을 차단하는 등 영외면회 정착에 총력을 기울였다.
공직자들은 물론 지역상인 각급 단체 등이 이렇듯 마음을 모은 결과 13년 만에 부활한 훈련병 면회제도는 마침내 영외면회제로 전면 전환될 수 있었다.

끊었던 담배를 다시 피워 물고

　시장 취임 후 2년이 막 지난 2012년 여름은 나에게 '깊은 슬픔'으로 기억되는 시기다.
　7월 초, 사흘에 걸쳐 비가 계속 쏟아졌다. 호우경보가 발령되고 시간이 지날수록 피해가 늘어갔다. 하천제방이 유실되고 공공시설, 주택의 침수가 속출했다.
　나는 재난안전대책 솔루션을 긴급 가동시키고 현장에 나갈 채비를 했다. 직원들이 만류했다. 시민들 감정 상태가 불안정하니 진정이 된 다음에 나가라는 것이다. 나는 그럴 수 없었다. 우비를 걸친 채 피해 현장으로 향했다. 인명 피해가 발생치 않도록 신속하게 조

수해 입은 성동면 개척리 비닐하우스

치하고 이재민들의 불편함을 최소화할 것을 당부하며 피해 주민들을 만났다.

　겨우 응급 복구를 마쳤을 무렵, 채 물이 마르기도 전에 또 한 차례 집중호우가 찾아왔다. 평균 강우량 141mm로, 지난번 집중호우보다 강우량은 적었지만 연이은 집중호우였던 터라 피해가 가중됐다. 다시 한번 사력을 다해 복구에 나섰다.

　그런데 약 닷새 뒤, 이번에는 태풍 '볼라벤'이 올라왔다. 최대풍속이 초속 48m. 제주도를 비롯해서 볼라벤이 훑고 올라온 지역마다 아파트 유리창이 깨지고, 나무가 뽑히고, 정박해 놓은 배들이 파도에 쓸려 육지로 올라앉고, 건물이 무너지는 등 온통 쑥대밭이 되었다. 집중호우 피해 주민들의 눈물이 아직 마르지도 않았는데…, 하늘이 원망스럽기까지 했다.

　결국 볼라벤은 논산을 강타했고 피해는 눈덩이처럼 불어났다. 어렵게 지은 농사가 풍비박산 난 현장에서 농민들은 주저앉아 가슴을 치며 하염없이 눈물을 흘렸다.

　그런데 이게 웬일이란 말인가. 이틀 뒤, 볼라벤 못지않은 태풍 '덴빈'이 올라왔다. 한 달 동안 이어진 두 번의 집중호우와 두 번의 초강력 태풍. 건물 피해도 피해지만 수확을 앞두고 1년 농사를 망쳐버린 농민들의 심정은 감히 헤아린다고 말도 할 수 없을 정도로 현장은 참혹했다. 뽑혀 나간 나무, 다 떨어져 나뒹구는 과일들, 형체를 알아볼 수 없을 정도로 무너지고 찢긴 비닐하우스, 진흙 밭으로 변해버린 논, ······.

그 참혹한 현장에서 망연자실 주저앉아 울고 있던 수많은 농민들의 표정을 차마 볼 수가 없었다. 그날의 그 참담한 심정이란······.

'지도자의 마음이란 게 이런 거구나.'

마치 내가 잘못해서 이런 피해를 입은 것처럼 그야말로 가슴이 찢어졌다. 뜨거운 것이 빗물에 섞여 볼을 타고 흘러내렸다. 그날 나는 10년 넘게 끊었던 담배를 다시 피워 물었다.

건물 피해 등 61개소(149건), 농업(시설) 피해 330농가(215ha), 가로수 전도 20개소(108주), 주택 전파 및 반파 12동, 비닐하우스 파손 150동(60농가), 농업(시설) 피해 778ha 등 사유시설 피해만 우선 74억여 원으로 집계됐다. 여기에 수확을 앞둔 배·사과 등이 낙과 피해를 입고, 우리 지역 특화작물인 상추·멜론 등 많은 시설 하우스가 강풍에 직격탄을 맞은 것으로 알려져 정확한 조사가 이뤄지면 피해가 얼마나 더 늘어날지 예상도 할 수 없을 지경이었다.

나는 공직자들에게 휴일을 반납하고 현장으로 나가 적극적으로 복구 작업을 지원하라고 지시했다. 특히 독거노인 현황을 파악하는 것은 물론 한 분도 빠짐없이 직접 찾아뵙고 안부를 체크하도록 했다.

한편, 영세한 비규격 시설 하우스 피해 농업인의 어려움을 해소하고 빠른 시일 안에 영농 활동을 정상화할 수 있는 다각적인 대책을 고심했다. 보통 천재지변을 당하면 규격 시설 하우스의 경우 재

수해 복구 현장

난지수 산정에 따라 50만 원부터 최대 5,000만 원에 이르기까지 제도적 지원을 받을 수 있다. 하지만 영세한 비규격 시설 하우스 피해 농가들은 법적·제도적으로 전혀 보호를 받지 못한다.

고심 끝에 나는 농협 시 지부, 단위농협과 함께 비규격 하우스 피해 농가를 위한 금융상품 지원을 생각해 냈다. 비규격 시설 피해 금액 내에서 1년 이상 3년까지 보증 및 담보 없이 지원 금액의 0.3%에 해당하는 보증료만 부담하면 연리 약 6%로 자금 융자를 받을 수 있게 하는 방법이다. 6% 이자도 논산시와 지역 농협에서 각 2%씩 부담하고, 피해 농업인은 실제로 2%의 이자만 부담하면 되는 것이다. 이는 비규격 시설 하우스 피해 농가들을 위한 전국 최초의 금융상품이었다.

비규격 시설 하우스 피해 농가들을 위한 자금 융자 시행 소식에 가슴을 쓸어내리시며 눈물을 훔치던 어르신들의 모습이 아직도 생생하다.

피해 입은 비닐하우스 복구 현장

■
성적보다 효(孝)

　'노인(老人)'은 '나이 들어 늙은 사람'을 말한다. 하지만 '노인(老人)'의 '노(老)'는 경험과 능숙함의 의미를 담고 있다. 예를 들어 '노장(老丈)'은 '노인 대장부'를 의미하고, '노실(老實)'은 '무슨 일에나 익숙한 데다 어떤 일에도 성실하고 충실하다.'는 뜻이다. '노공(老功)', '노수(老手)'는 '무엇이든 본때 있게 능숙하게 해낸다.'는 뜻이고, '노성(老成)'은 '경력과 경험이 많아서 일을 솜씨 있게 잘 해낸다.'는 뜻이다.

　3, 40년 전만 해도 노인은 권위가 있었고 존경의 대상이었다. 그런데 언제부턴가 노인에 대한 의식이 바뀌었다. '노(老)'가 본래 담

고 있던 의미는 퇴색하고 경제적 능력을 상실한 무능한, 심하게는 무가치한 사람으로 여겨지는 것 같아 참으로 서글프고 안타깝다. 자본주의가 만연하면서 생긴 병폐가 아닐까 싶다.

노인에 대한 의식이 바뀌면서 가정과 사회의 위계가 무너졌다. 노인의 자살률·범죄율이 높아졌고, 노인문제는 이제 사회문제로 확대됐다. 비단 노인만의 문제는 아닐 것이다. 우리가 노인의 참 의미를, 가치를 도외시한 결과 우리 아이들, 우리 젊은이들도 인생의 지혜와 경륜에서 배울 기회를 잃은 것인지도 모른다. 한마디로 사회의 질서와 균형이 무너진 것이라고 볼 수 있다. 불안정한 사회가 된 것이다. 나는 이 안타까운 현실을 되돌리고 싶었다. 그래서 아들 시장으로서 '최고의 효 도시'를 만들어드리겠다고 약속한 것이다.

대부분의 지자체에서는 장학회를 두고 있다. 보통은 학업·유공특기·사회봉사활동 우수자에게 장학금을 지급한다. 그런데 우리 시에서는 '효 장학금'이라는 게 하나 더 있다. 2012년부터 '선·효행 모범학생'을 추가했다. 그 동안 성적 우수자 위주로 지급해 온 장학금의 30% 정도가 선·효행 학생에게 지급된다. 별도의 예산을 추가하지 않고 기존의 장학금에서 충당하는 것은 성적보다 효와 선행이 더 훌륭한 가치라는 것을 청소년들에게 인식시키고 싶어서다.

장학금 외에 '효 UCC' 공모전이라는 행사도 연다. 논산의 초중고생을 대상으로 부모님을 생각하는 마음을 자유롭게 표현하도록 한다. 학생들이 그 동안 당연하다 생각했던 부모님의 사랑과 헌신에 대해 한 번쯤 되새겨 보는 계기가 되리라 생각한다.

또, 청소년들을 대상으로 충·효·예 교실을 운영하는데, 충·효·예의 정신을 계승하고 시대 변화에 맞는 국제예절과 생활예절 등 올바른 인성을 청소년들에게 심어주고자 마련한 프로그램이다. 하루 단발성 이벤트가 아니라 관내 유치원생, 초중고생을 대상으로 지역 문화유산인 향교에서 학식과 덕망이 있는 강사를 초빙해 교육이 이루어진다.

전국 최고의 '효 도시'라는 것이 허울 좋은 명분이 되지 않도록 시의 조례도 개정했다. 효행장려 및 지원에 관한 조례 개정인데, 효행장려 시행계획을 수립하고 시행계획에 포함될 사업의 범위, 효행에 관한 교육장려 방법, 효행장려 수당지급 기준 등의 내용이 포함되어 있다. 아름다운 전통 문화유산인 '효'를 시민에게 적극 장려하고 전파해 어르신들의 삶의 질 향상을 도모하는 한편, 남다른 효를 행하는 시민을 대상으로 효행장려 수당을 지급할 수 있는 기준을 공고히 하기 위해서 개정을 추진한 것이다.

내가 좋아하는 노래 중에 〈풍경〉이라는 노래가 있다. 시인과 촌장의 노래인데, "세상 풍경 중에서 제일 아름다운 풍경, 모든 것들이 제자리로 돌아가는 풍경"이라는 가사가 반복된다. 내가 '효'를 강조하는 이유는 하나다. 가정과 사회의 질서와 균형이 무너진 이 현실이 빨리 제자리를 찾아야 하기 때문이다. 위계가 다시 서고 경제적 가치에 매몰된 '나이 듦'의 가치가 되살아나야 하기 때문이다.

돈암서원에서 바른인성교육을 받고 있는 유치원생들

아들시장 아녀?

우리 시 어르신들 사이에서 내 별명은 '아들시장'이다.
"아들시장, 애쓰네!"
"아들시장, 밥은 먹었나?"
지나가는 나를 보시면 이렇게 마음을 건네신다.
 어르신들에 대한 나의 호칭은 당연히 '어머니', '아버지'다. 주변에서는 더러 시장의 품격 운운하며 그러지 말라는 사람들도 있다. 하지만 난 '어머니, 아버지'가 참 좋다. 아마도 혹자는 아니, 어르신들께서도 "시장 되려고 저렇게 살갑게 구는 거겠지." 하신 분들도 계셨을 것이다. 시장이 돼서도 계속 그러니 "저러다 본색 드러나겠지." 하셨을 수도 있다.

하지만 어려서부터 나에게 동네 어르신은 모두 어머니, 아버지였다. 그 어머니 아버지들이 내 고향 논산을 위해 열심히 뛰라고 젊은 나를 시장으로 뽑아주셨다. 그런데 시장이 됐다고, 내가 시장이라고 해서 연세 높으신 그분들을 어머니, 아버지라고 부르지 말아야 한단 말인가! 말도 안 되는 소리다. 품격은 그렇게 지키는 것도, 이렇게 한다고 떨어지는 것도 아니라고 생각한다.

가끔 어르신들께 안부 전화를 드릴 때가 있다. 그러면 주위 사람들이 친부모님과 통화를 한 줄 착각할 때가 있다. 어머니, 아버지라는 호칭 때문만이 아니다. 어르신들께서 나를 걱정해 주시는 말씀들 때문이다.

"저녁은 먹었느냐?"

"너무 애쓰고 무리하며 다니지 말아라."

"내 걱정은 하지 말고 푹 쉬어라."

"어떻게 더 잘하느냐."

통화를 끝내고 나면 가슴에 군불이라도 지핀 듯 따뜻해진다. 어머니, 아버지라 부르니 기꺼이 어머니 아버지가 되어 주시는 것이다. 이 얼마나 품격 있는 관계란 말인가!

취임하면서 나는 '경로 효친을 시정의 근본으로 삼아 섬기는 행정을 펼칠 것'을 약속했다. 산업화의 어려운 과정에서 부모님 뒷받침으로 성장한 젊은 세대가 권위적 리더십이 아닌 소통과 참여로 시민 모두를 모시는 행정을 펼쳐, 효행이 자연스럽게 몸에 배게 하면서 서민이 행복한 사회를 위해 원칙과 상식이 통하는 행정을 펼치는 아들시장이 되겠다는 약속이었고, 그것을 지키기 위해 열심히 노력했다.

특히 열악한 환경의 독거노인들에게 맞춤형 복지 서비스를, 경제 위기 등에 따라 부양의식이 희미해지면서 발생하는 노인학대 문제에 대해서는 문제에 대한 인식 개선 교육을, 경험과 경륜을 갖춘 은퇴노인에게는 노인 자원봉사 활성화 프로그램을 적극 개발 보급한 것이 그것이다.

또 취임하고 두 달 뒤, 치아가 없어서 음식물 섭취가 어려운 관내 홀몸 노인분들께 예산을 투입하여 '틀니'를 해드렸다. 치아가 없으면 제대로 먹을 수가 없어 노년기 건강 문제와 직결되기 때문이다. 수혜를 받으신 분들은 1년간 치과에서 무상 서비스가 이루어지고 필요한 경우 4년간 보건소에서 지원하는 사후 관리 서비스를 받으실 수 있다.

한번은 보건소에 오신 한 어르신께서 나를 보시더니 무척 반색을 하셨다.

"그 동안 죽만 먹어 사는 게 말이 아니었는데, 이젠 씹을 수 있어 살맛이 나."

절로 신명나서 춤이라도 덩실덩실 추고 싶은 심정이었다. 그 어르신은 혼자 사는 노인을 따뜻하게 돌봐줘서 고맙다며 손을 꼭 잡아주셨다.

　자식들에게도 부양을 받지 못하며 제도적 지원도 받지 못하는 사각지대에 놓인 어르신들에 대해서도 강도 높은 실태 파악을 실시하고 있다. 65세 이상 노인인구 2만 6239명 가운데 기초생활보장 수급으로 보호받는 노인은 2006명으로, 7.5%에 해당하는 노인만이 법적 보호를 받고 있다. 특히, 주위의 도움이 절실히 필요한 65세 이상 독거노인은 1391명만이 기초생활 수급 지원을 받는 형편이다. 나는 사각지대를 없애고 보다 많은 어르신들이 실질적으로 도움을 받을 수 있는 방법을 다각적으로 고민해 볼 것을 지시하고 있다.

　이를 해결하기 위해 해마다 노인복지 예산도 늘려 나갔다. 2013년 올해에는 노인복지 예산이 355억 7,780만 원이다. 특히 올해는 '어르신 건강 & 웰빙대학 운영 및 노인 취업지원센터' 활성화로 어르신들의 자아의식 향상에 노력하는 한편, 독거노인 응급 안전돌보미 사업과 노인 돌봄 기본서비스 사업에도 주력해 무한 돌봄 서비스가 제공된다.

　65세 이상 어르신 1500세대를 대상으로 상시 모니터링 체계를 마련했다. 무선 외출 버튼을 출입문 근처에 설치해 가정의 연기, 가스 배출 상태와 시간대별 활동량을 감지한 후 담당 부서로 전송해 어르신들의 일상생활을 모니터링 할 수 있게 했다. 또 전화기형 게이트웨이를 통해 외출과 응급 호출 버튼을 활용할 수 있어 소방 방재청 U-119 서비스의 실시간 구조·구급 서비스와 연계한 응급 안전 시스템을 구축했다. 이로써 응급 상황이 발생했을 때 신속하게 대처할 수 있게 되었고, 독거노인 보호는 물론 노인 돌봄 서비스 업무의 효율성도 그만큼 증대되었다.

해마다 가을이면 우리 시에서는 노인의 날 행사를 개최한다.

"아버님 어머님, 사랑합니다! 감사합니다!"

이렇게 대형 현수막이 내걸린 논산 공설운동장은 아침 아홉 시부터 어르신들의 웃음소리로 가득 찬다. 다양한 축하 공연과 이벤트는 물론 음식도 대접하며 즐거운 하루를 보낸다.

1년에 한 번 어르신들을 위한 하루, 어린이날 아이들이 행복하기를 바라듯이 노인의 날이면 대한민국 그 어느 지자체의 어르신들보다 우리 어르신들이 제일 행복한 하루를 보내길 바라는 마음이다.

해마다 이 날이 되면 나는 장수 어르신들의 발을 닦아드린다. 언론에도 많이 보도되었던 바로 그 '논산 노인의 날 세족식'이다. 무릎을 꿇고 어르신들의 발을 닦아드릴 때면 번번이 눈시울을 붉히게 된다. 세상에 첫 울음을 터뜨리던 날, 그토록 보드랍고 여렸을 그 발은 어느새 주름투성이에 투박한 피부, 발가락은 조금씩 뒤틀려 있다. 하지만 그 발은 자식들 교육시키고 뒷바라지하며 한평생을 책임감 있고 성실하게 살아 낸 위대한 발이다. 그런 발을 두 손으로 쥐고 있노라면 저절로 마음이 숙연해진다.

'효라는 것이 무엇인가, 어떻게 하는 것인가?'

숙연해진 마음에 깊이 생각해 본다.

그저 용돈 드리고, 아플 때 병원에 모셔다 드리는 게 효일까? 그것도 중요하지만 그보다 먼저 어르신들이 자신의 인생과 현 상황에 자긍심을 가질 수 있도록 해 드리는 것이 아닐까 싶다.

나는 우리 논산의 어르신들이 자긍심을 느낄 수 있는 그런 '효 도시'가 정착되기를 진심으로 바란다. 효도는 가장 값진 투자로, 효에 대한 우리의 신념만 강하다면 '효 도시'는 반드시 이루어질 것이라고 기회가 될 때마다 공직자들에게 이야기하는 이유도 그 때문이다.

우리 시의 이런 효 행정을 눈여겨 보아오던 공주시의 최범수 전 국장님은 어르신들이 따뜻한 겨울나시라며 매년 연탄 3000장을 기증하고 있다.

전국 최고의 '효 도시'가 되려면 이런저런 정책도 중요하겠지만 그에 앞서 시민들이 먼저 우리 시의 어르신들을 모두 내 부모님처럼 생각할 수 있는 인식의 전환이 우선이라고 생각한다. 그래야 정책이 현장에서 제대로 실현될 수 있기 때문이다.

그래서 자주 교육의 장을 마련하는데, 올 봄에는 독거노인 돌봄센터와 대한노인회 논산시지회 노인업무 관련 실무자 등을 대상으로 소양 함양과 자질 향상을 돕고, 효 의식을 일깨워 주는 강좌를 열었다. 예상보다 호응이 좋아서 아예 '시민 효행 특별 아카데미'라는 본격적인 교육 프로그램을 운영하기 시작했다. 시민, 공무원 및 노인 응급 안전 돌보미, 경로당 프로그램 관리사 등을 대상으로 하는

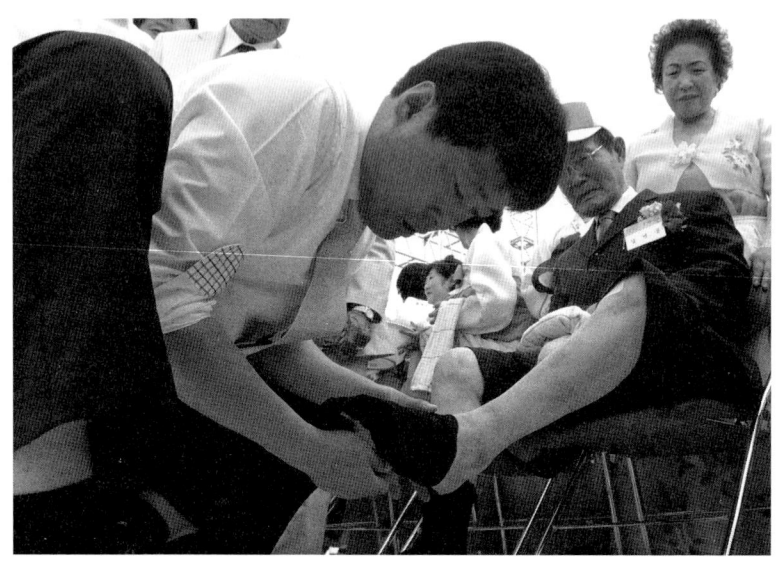

노인의 날 행사, 세족식

"아들시장, 수고하네."

이 교육은 효행의 덕목을 일깨워 효 실천 사상을 계승하고, 어르신 복지 서비스 향상을 도울 수 있는 구체적인 내용으로 구성된다.

노인의 날 행사를 하는 동안 모처럼 함박웃음을 웃으며 즐거워하시는 어르신들을 보면 나도 절로 기분이 좋아져 어르신들을 업고 한 바퀴 돌기도 한다. 그럴 때면 당신을 넉넉히 업어드릴 수 있을 만큼 아들의 등짝이 채 여물기도 전에 돌아가신 나의 아버지가 생각난다. 아버지…, 풍수지탄(風樹之嘆)의 심정으로 내친김에 한 바퀴 더 돈다.

■
꽃보다 사람

얼마 전 개봉한 영화 〈엘리시움〉을 봤다. 머지 않은 미래의 미국을 배경으로 한 공상과학영화다. 지구가 오염되고 인구가 폭증하면서 상위 1%의 부자들은 지구 밖에 '엘리시움'이라는 위성국가를 세워 그들만의 천국을 누린다. 반면, 지구에 남은 사람들은 오염된 공기와 노동, 가난, 질병에 시달리며 비참한 생활을 한다. 평생 돈을 모아도 엘리시움 시민권을 받기에는 턱없이 부족하고, 무모하게 무단 진입을 시도한 사람들에게 엘리시움은 죽음으로 응징한다.

특히 난치병이나 불치병을 앓고 있는 사람들의 엘리시움에 대한 갈망은 더 간절한데, 이유는 상위 1%만의 천국 엘리시움에는 첨단 의료 과학 기술 덕분에 못 고치는 질병이 없기 때문이다. 영화는 지구에 남겨진 사람들과 하늘 위 상위 1%의 폐쇄적인 부자들 간의 싸움으로 채워지고, 결국 지구 사람들이 엘리시움의 문을 여는 데 성공하게 된다. 그들이 가장 먼저 한 일은 바로 첨단 의료시설을 갖춘 셔틀을 지구로 파견하는 것이었다. 영화 전반에 흐르는 사람에 대한 애정과 사람의 본성에 대해 희망의 끈을 놓지 않은 감독의 마음이 전해져 가슴이 뭉클했다.

나는 참 단순한 사람이다. 그냥 사람이면 된다. 내 심장을 뛰게 하는 것은 딱 두 가지. '사람'과 '열정'이다. 어떠한 가치 판단도, 상황 판단도 기준은 오직 '사람'이다. 지금까지 도전하고 인내하고 끝까지 포기하지 않고 목표를 이루어 내는 근성은 생각해 보면 다 이런 단순함 덕분일 것이다.

시장 취임 후 2주 뒤에 발표한 시정 방침은 '원칙과 신뢰', '소통과 참여', '창의와 혁신' 이 세 가지다. 홈페이지·이메일·방문 등 다양한 경로를 통한 시민 및 공무원 의견 총 61건을 접수하고, 대학교수 16명으로 구성된 정책자문단의 의견 수렴과 내부 검토, 전 직원을 대상으로 한 최종 투표 등을 거쳐 결정한 시정방침이다.

이 세 가지 비전을 관통하는 가치 역시 '사람'이다. 당선 당시 인터뷰에서 가장 먼저 했던 약속인 '대한민국 행복 지자체 1번지'의 주인공은 누구 하나 소외되는 사람 없이 13만 논산시민 전체여야 한다.

그런 마음에서 내가 제일 먼저 선택한 분야는 의료 분야다. 사람이 아플 때 가장 서럽고 자존감을 잃기 쉽다. 우선 그 문제부터 해결하는 게 중요하다고 판단했다. 우리 시 보건소에 건강 원스톱 센터를 증축하고, 시 전체 보건 의료기관 5개소를 새로 건설하거나 증축하는 데 38억여 원을 지원했다. 그리고 그 안에서 운영되는 프로그램 개발에 집중하도록 했다. 시민들의 세금을 들여 만들어는 놨지만 정작 시민들이 누릴 수 있는 콘텐츠가 부족하다면 무슨 소용 있겠는가.

논산이 도농 복합도시이다 보니 농촌 총각과 결혼한 결혼 이주 여성들이 많은 편이다. 언론에서 다문화 가족의 어려운 점들이 빈번하게 보도될 때마다 문제를 예방할 수 있는 좋은 방법이 없을까 고민했다. 다문화 가정의 건강은 우리 시의 건강과도 무관하지 않기 때문이다.

다문화 가족 지원센터를 두고 결혼 이주 여성 15명을 대상으로 '정신건강 업 스트레스 다운' 프로그램을 운영했다. 꽃꽂이 교실·프리 테니스·개별 상담·우울증 이해 교육 등을 실시했는데, 대부분 20대인 다문화 여성들에게 반응이 매우 좋았다. 프리 테니스로 인한 친목 도모와 단합의 기회가 됨은 물론 신체적, 정신적 건강을 향상시켜 다문화 가족 여성들에게 '하면 된다.', '할 수 있다.'는 자신감을 안겨 주었다.

또, 시 보건소 정신보건센터에서는 다른 문화권에서 이주하여 결혼과 자녀 양육에서 오는 스트레스, 우울·불안감, 적응문제에 대해 개별 상담을 실시 중이며, 우울증 선별 검사를 통해 지속적인 상담과 치료가 필요한 다문화 가족 여성에 대해서는 전문적인 상담과 치료를 받도록 도움을 주고 있다.

하루는 알고 지내는 분이 우스갯소리로 이런 말을 했다.

"아들이 한의대에 다녀서 공중보건의로 근무해야 하는데, 논산은 안 되겠어."

2012년부터 운영하고 있는 '우리 마을 주치의제'를 두고 하신 말씀이다. 38억여 원을 들여 시 보건소를 비롯해 보건 지소들을 증축하거나 신축했지만 노인이나 몸이 불편하신 분들에게는 아무리 보건소·보건지소 시설이 좋아도 그림의 떡이었다. 그래서 오는 사람들만 진료해 주는 것이 아니라 직접 찾아가는 의료 서비스를 추진했다. 보건지소의 공중보건의사를 마을 주치의로 지정해서 정기적으로 방문, 진료와 건강 상담을 해드리는 것이다. 특히 혼자 살고 계신 어르신들에게는 진료도 받고 말벗도 되어 드리니, 어느새 주치의가 오는 날을 손꼽아 기다리신다고 할 정도다.

당신의 건강을 전문적으로 관리해 주는 주치의가 있다는 생각에 마음마저 든든하다고 한다. 이 든든한 마음에 벌써 다 나은 것 같다고 하니, '우리 마을 주치의제'로 절반의 치료 효과를 본 것 같다.

■
나는 사랑한다

내가 좋아하는 정호승 시인의 이런 시가 있다.

> 나는 그늘이 없는 사람을 사랑하지 않는다
> 나는 그늘을 사랑하지 않는 사람을 사랑하지 않는다
> 나는 한 그루 나무의 그늘이 된 사람을 사랑한다
> 햇빛도 그늘이 있어야 맑고 눈이 부시다
> 나무 그늘에 앉아
> 나뭇잎 사이로 반짝이는 햇살을 바라보면
> 세상은 그 얼마나 아름다운가

나는 눈물이 없는 사람을 사랑하지 않는다
나는 눈물을 사랑하지 않는 사람을 사랑하지 않는다
나는 한 방울 눈물이 된 사람을 사랑한다
기쁨도 눈물이 없으면 기쁨이 아니다
사랑도 눈물 없는 사랑이 어디 있는가
나무 그늘에 앉아
다른 사람의 눈물을 닦아주는 사람의 모습은
그 얼마나 고요한 아름다움인가.
　　　　- 「내가 사랑하는 사람」, ⓒ 정호승

  나는 논산의 시골 작은 마을에서 농사짓는 부모님의 5남매 중 막내로 태어난, 말 그대로 촌놈이다. 친구들과 어울리며 철부지 어린 시절을 보냈던 평범하디 평범한 사람. 그런데 어린 시절에 아버지가 돌아가시고 비로소 알게 된 인생의 그늘은 성장하면서 굳이 남에게 들키고 싶지 않은 나의 이면이었음을 고백한다.
  그러던 어느 날 우연히 읽은 시가 바로 이 시였다. 나조차도 굳이 꺼내보기 싫은 나의 그늘과 눈물이 없는 사람을 사랑하지 않는다는 시인의 당당함에 솔직히 위로받았다. 그러면서 생각했다. 아 이러니하게도 그 그늘이 나의 눈과 가슴을 얼마나 따뜻하게 만들어 주었던가. 보이지 않았던 사람들이 보이고, 들리지 않았던 이야기들이 들렸다. 시인의 이야기처럼 다른 사람의 눈물을 닦아줄 줄 알게 된 것이다. 그래서인 것 같다. 시정을 펼치면서도 유독 소외 계층에 맘이 간다. 더 힘들지 않은지, 더 아프지 않은지, 더 외롭지 않은지, ······.

의료 보건 프로그램 외에도 장애인 편의시설을 설치한 모범 업소를 선정해 각종 홍보와 지원을 해 줌으로써 장애인이 편리하게 생활할 수 있는 환경을 만드는 사업을 시작했고, 저소득층 시민들이 여행상품을 구매할 때 15만 원에서 20만 원까지 지원하는 '여행 바우처' 사업을 추진해 삶의 질을 높일 수 있도록 했다. 한편, 부모의 처지로 인해 인생의 출발 지점에서부터 기회 불균형을 감당해야 하는 저소득층 어린이들을 위해서는 '드림 스타트' 사업을 통해 다양한 프로그램을 운영했다.

이렇게 한 2년쯤 소외 계층을 대상으로 다양한 복지 서비스를 추진하다 보니 기왕이면 좀 더 빠르고 효율적으로 지원할 수 있는 방법이 없을까 고민이 됐다. 궁리 끝에 생각난 것이 '행복 키움 지원단'이라는 전담 부서를 운영하는 것이었다. 다양하고 복잡한 복지 욕구를 가진 저소득층에 대해 통합적으로 사례를 관리하고 맞춤형 서비스를 지원하는 것이다. 생계 · 주거 · 건강 · 교육 및 일자리 등으로 어려움을 겪고 있는 저소득층을 대상으로 집중 관리가 필요하다고 판단되는 가정을 일일이 방문해 그 가구에 대한 심층 욕구 조사를 실시한다. 거기서 파악된 내용을 가지고 통합사례관리회의를

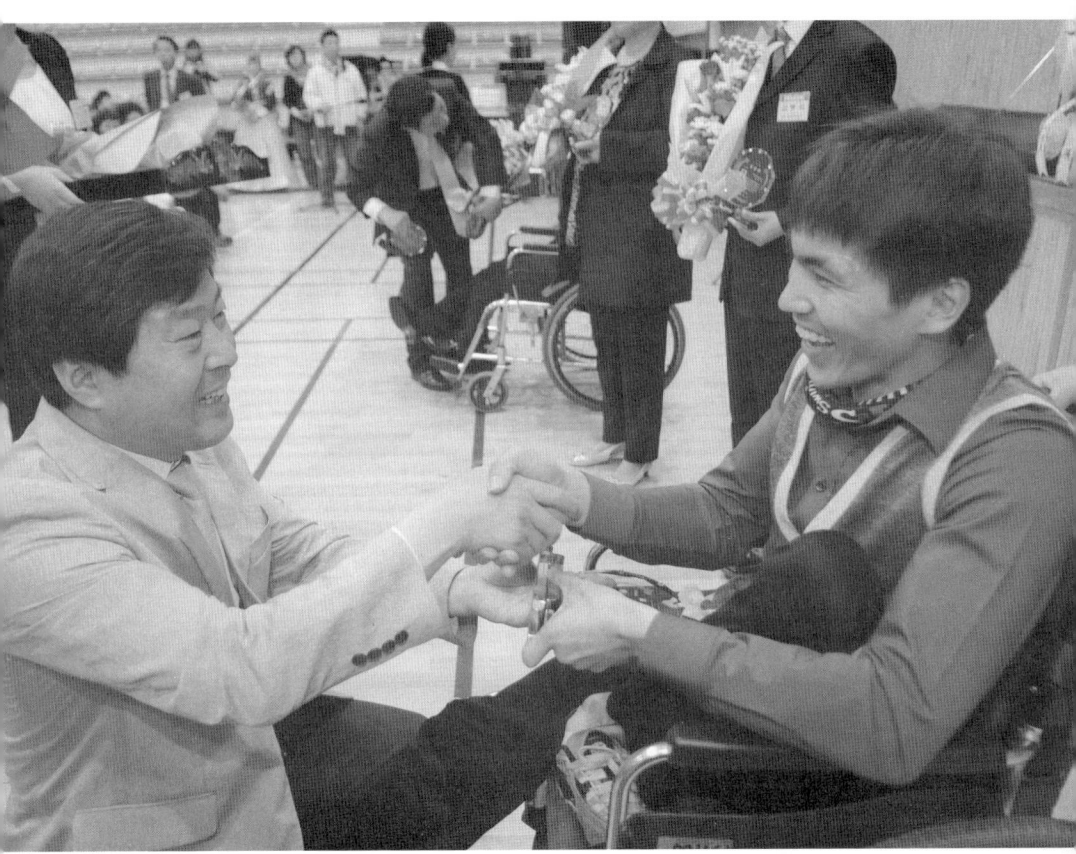

장애인의 날 장애우와 함께하는 즐거운 소통

하고, 그 결과에 따라 맞춤형 서비스를 지원하는 체계다.

이렇게 하니, 그 동안 몰라서 받지 못했던 각종 서비스나 한 개인에게 집중 혹은 중복 지원되던 문제점이 개선되었고, 응급 위기 가정이나 긴급 지원이 필요한 가구, 차상위 계층 등 경제기능을 상실한 가구 등에 대해 찾아가는 서비스 지원이 가능해졌다. 뿐만 아니라 그 동안 복지예산을 계속해서 확대했는데도 여전히 복지사각지대가 존재하던 이상 현상도 줄어들었다.

아무래도 다양한 프로그램을 운영하다 보니 사회복지 분야 예산은 1,300억 원 정도로 우리 시 예산 가운데 가장 많다. 그래도 마음만큼 지원을 할 수 없어 늘 아쉬움이 남는 분야도 사회복지 분야다. 사회복지는 공동체의 리더라면 가장 먼저, 가장 세심하게 마음을 써야 할 부분이기 때문이다.

우리 아이들은
친환경 무상 급식한다!

한 지자체에서 무상급식 예산을 전액 삭감한다는 소식을 들었다. 가슴이 착잡했다. 그 결정에 해당 지자체의 가정 형편이 어려운 어린이들과 부모들의 가슴에는 얼마나 큰 구멍이 생겼을까?

지역 예산은 세금을 걷어 마련하는 것이다. 당연히 시민들을 위해 쓰여야 마땅한 돈이다.

2011년 무상급식 논란이 일었을 때 나의 생각은 분명했다. 가난해서 급식비를 낼 수 없는 아이들에게만 급식을 제공하는 것은 폭력이라고. 그 한 끼를 먹기 위해 그 아이가 감내해야 할 부모의 무능, 무너지는 자존심을 정녕 헤아릴 수 없단 말인가.

'복지(福祉)'라는 말에서 '복(福)'은 제사 지낸 뒤 나누어 먹는 음식을, '지(祉)'는 하늘에서 내리는 행복을 의미한다고 한다. 그러니까 '복지(福祉)'란, '음식을 함께 나누며 누리는 지복'을 뜻한다.

그런데 이런 복지의 말뜻을 알 리 없는 오세아니아 대륙의 한 원주민 부족들도 공동체에서 굶는 사람이 있으면 그걸 가장 큰 부끄러움으로 여겨 모두가 공평하게 나누어 먹는다는 것을 다큐멘터리를 통해 본 적이 있다.

우리 시의 무상급식은 2011년 관내 35개 초등학교부터 전면 시행했다. 그 다음 해인 2012년에는 면 단위 중학교까지 확대했다. 22억 7,200만 원의 예산을 확보해 올해 3월부터 논산 관내 초중학교 39개교 학생 7188명에게 무상급식을 실시하고 있다. 특히 지역에서 생산되는 고급 품종 예스민쌀과 우수 농산물 식재료를 공급함으로써 친환경 농산물 소비 촉진과 함께 학생건강 증진이라는 일석이조의 효과도 거두고 있다.

아예 학교급식 지원 조례를 개정해서 효율적인 무상급식과 학교급식 식재료비 지원이 가능하게 함으로써 면 지역 중학교에 이어 연차적으로 읍 및 동 지역 중학교 전체로 무상급식을 확대하고 있다. 2013년 올해의 경우 교육청에 62억 원의 교육 경비를 지원했는데, 이 가운데 절반 이상인 37억여 원이 친환경 무상급식 지원에 할애된다.

옛말에 "세상에서 제일 듣기 좋은 소리가 내 새끼 목에 밥 넘어

가는 소리"라고 했던가. 우리 시의 아이들 모두에게 친환경 농산물로 만든 밥을 맘 편히 먹이는 게 얼마나 흐뭇한지 모른다.

충남 논산 출신으로, 서울시의회 교육의원으로 활동하고 있는 김형태 시인의 시가 떠오르는 밤이다.

눈칫밥

나는 3월, 새 학년이 싫다
다른 친구들은 설레는 마음으로
새 학년 새 학기를 손꼽아 기다리는지 모르지만,
나는 정말 새 학년 새 학기가 싫다

새 학년 새 학기가 되면
또 다시 가난을 증명해야 하기에…….

3월이면, 탱자가시처럼 아빠의 아픈 곳을 찔러야 하고
명자꽃처럼 숨 죽여 우는 엄마의 붉은 눈물을 보아야 하고
잘 보이고 싶은 새 선생님과 아이들 앞에서 고개를 떨구어야 하기에…….

가난은 죄가 아니라는데
왜 나는 죄인처럼 자꾸만 움츠러드는 걸까?

3월이 싫다. 학교 가기가 싫다
언제쯤이면 눈칫밥…
소태 같은 모래밥이 아닌
따뜻한 밥 한 끼를 당당하게 먹을 수 있을까?
　　　　－「눈칫밥」, ⓒ 김형태

논산 어린이 다 모여라!

논산의 5월은 곧게 뻗은 계백로의 가로수가 연둣빛을 자아내고 가로공원의 하얀 꽃과 녹음이 어우러져 그림 같은 계절이다. 출근길에 나무들을 보고 있노라면 '저 어린잎들이 자라 그늘의 쉼터를 마련해 주듯 우리 어린이들이 자라 지역의 동량이 되겠지.' 라는 생각이 들곤 한다.

소파 방정환은 "우리의 어림(幼)은 크게 자라날 어림이요, 새로운 큰 것을 지어낼 어림입니다. 어른보다 십 년, 이십 년 새로운 세상을 지어낼 새 밑천을 가졌을망정 결단코 어른들의 주머니 속 물건만 될 까닭이 없습니다."라고 했다.

어린이날이 다가오면 옛날 생각이 난다. 어린 시절 시골에 사는 나에게 어린이날은 특별할 게 없었다. 아이들이 체험할 만한 문화 시설이나 프로그램이 없어서 어린이날 기분을 느끼려면 대전까지 나가야 했다. 그나마도 일부 어린이들에게만 해당되는 이야기다. 대부분의 어린이들은 오히려 평일보다 못한 쓸쓸한 어린이날을 보내야 했다. TV에서는 하루 종일 어린이날 도심 곳곳의 즐거운 풍경을 중계하는데, 썰렁한 집 안에서 다른 친구들의 행복한 하루를 보고 있어야 하는 우리 아이들의 마음은 얼마나 쓸쓸할까?

2012년 어린이날을 앞두고 그래서 작정을 했다. 97개 어린이집 교사들에게 시청에서 지원을 해 줄 테니 아이들이 마음껏 체험할 수 있는 다양한 프로그램을 만들어 달라고 했다.

마침내 어린이날, 논산 공설운동장에는 무려 100개의 체험 부스가 마련되었다. '논산 어린이 큰 잔치'가 벌어진 것이다. 아마도 대한민국 어린이날 행사 중 가장 큰 규모였을 것이다. 아이들이 좋아하는 '번개맨과 친구들'의 라이브 공연도 펼쳐졌다. 논산의 아이들이라면 누구나 무료로 100개의 체험 부스를 이용할 수 있었다. 그날 어린이와 부모 1만여 명이 잔치에 참여했다. 아이들의 미소는 해처럼 빛났고 그것을 지켜보는 내 얼굴도 덩달아 벙긋 웃는 해가 되었다. 아흔 번의 어린이날 중 처음으로 우리 아이들이 우리 시에서 마음 놓고 행복할 수 있었던 특별한 어린이날이었을 것이다.

이듬해 2013년 91회 어린이날이 다가오자 여기저기서 기대의 목소리가 들려왔다. 나도 작년보다는 더 즐겁게 만들어 주고 싶었다. 이번에는 '어린이 난타' 팀을 초청했다. 또 '초등부 체험마당', '에어바운스', '4D 무비카' 등 다양한 체험행사를 마련해 신나는 축제마당을 펼쳤다.

어린이는 지역의 꿈이자 희망이다. 이들이 어떤 환경 속에서 자라느냐에 따라 그 지역의 미래가 달라진다. 이들이 아름다운 환경 속에서 긍정적으로 자라나면 지역의 미래는 아름다울 것이다. 이들이 자신들의 능력을 최대로 발휘할 수 있도록 자라나면 논산의 미래는 지금보다 더 크게 발전할 수 있을 것이다. 그래서 우리 시에서는 미래에 대한 투자, 즉 사람에 대한 투자를 정책 추진의 우선순위에 두고 시정을 펼쳐 나가고 있다. 그 핵심은 우리 '어린이' 이다.

그 동안 교육과 복지 · 문화를 통한 사람 중심의 행정을 추진하면서 특히 어린이들이 편히 생활하는 공간을 만들고 친환경 의무급식을 위해 노력해 왔다. 원어민 보조교사를 지원하고 읍면동 중학교까지 친환경 무상급식을 실시했다. 경제 활동을 하는 부부 가정이 늘어감에 따라 자녀들을 안심하고 맡길 수 있는 보육 시설 97개소에 급식비 등을 지원해 부모의 보육 부담 경감과 영유아의 건전한 육성을 도모하고 있고, 보육 시설을 이용하지 않은 아동들에게는 양육 수당을 지원해 아동복지 서비스를 제공한다. 시설 아동 및 요보호 아동 세대에 대한 자립 기반을 조성하기 위해서는 물심양면으로 돌봐 밝고 건강한 사회인으로 육성하고 있다.

논산시 어린이날 큰 잔치

또한 건양대와 함께 멘토 프로그램을 운영해 각종 위해 환경·비행과 범죄를 예방하고, 미래의 주인공인 청소년들로 올바르게 성장하여 건강한 인격체로 자랄 수 있도록 사회적 분위기를 만들어 가고 있다.

이와 더불어 어린이 보호구역 개선사업으로 초등학교·어린이집 주변에 CCTV 설치, 보행로, 안전 펜스 설치, 미끄럼 방지 시설 등을 마련해 주었고, 매일 아침 등하교길 건널목에 안전요원을 배치해 우리 아이들이 안전하게 통학할 수 있도록 했다.

시민의 다양한 행복 조건 속에 교육 분야만큼은 인근 대도시에 비해 전혀 뒤처지지 않도록 논산시와 논산계룡교육지원청이 손잡고 지속적인 관심과 행·재정적 지원을 적극 추진해 나갈 것이다.

나는 우리 아이들이 시골에서 태어나서 참 다행이고 행복하다고 자부하기를 기대한다.

개천에서 용 못 난다고?

학력세습이라는 것이 공공연한 사실이 되었고, 개천에서 용은 절대 날 수 없는 시대라고들 말한다. 그런데 이 말은 시골 시장인 나로서는 굉장히 듣기 거북하다.

나는 "사람이 곧 재산이다."라고 늘 말해 왔다. 시민이 행복한 교육도시를 만들기 위해서는 어린이들이 폭넓은 경험을 통해 지역 인재로 성장할 수 있도록 기성세대들이 비전을 심어 주어야 한다는 의지를 갖고 있다. 그런데, 개천에서는 절대 용이 못 난다고?

나는 2011년 5,000만 원을 지원해 35개 관내 초등학교 6학년생 1403명 전원에게 서울로 문화체험 현장학습을 보냈다. 서울문화체험 현장학습 일정은 학생들에게 꿈과 희망을 심어 주기 위해 청와대·국회의사당 등은 필수 코스로 정했고, 그 외 코엑스·에버랜드 등은 학교가 자율적으로 선정하도록 했다. 아이들은 말할 것도 없고 학부모들의 호응이 아주 좋았다. 그래서 다음 해에는 논산계룡교육지원청과 협의를 통해 예산을 1억 원으로 늘렸다.

서울문화체험과 더불어 저소득층 청소년과 효행 학생 등 70여 명을 선발해 중국 북경 일원으로 해외문화체험을 보냈다. 우리도 우물 밖으로 나갈 수 있다는 희망, 내가 꿈을 펼칠 수 있는 무대가 이렇게 넓다는 것을 우리 아이들이 직접 느낄 수 있는 기회를 앞으로 더 많이 만들어 주고 싶다.

또, 사교육 기회가 부족한 우리 아이들의 수능 준비에 도움을 주기 위해 EBS 스타 강사들을 초청해 입시설명회도 열었다. 현재 EBS 수능 및 입시 분석 명강사인 서울 대광고등학교 최태성 강사를 필두로 언어영역에서 명성을 날리고 있는 경기도 심석고 유현종 강사, 서울세화여고 윤장환 강사, 수리영역의 쾌도난마로 찬사를 받는 서울 덕수고 이하영 강사 등을 대거 초빙했다. 최근 수능 경향과 전망, 시기별·수준별 수능 전략 등 서울에서도 듣기 어려운 설명회가 되도록 했다. 또 강사돌과 질의응답 시간을 통해 공부비법, 입시정보에 대한 궁금증을 해소하고 강사 사인회도 가지며, 참석자 전원에게는 EBS 대표 강사들이 집필한 학습·입시 전략 자료집을 제공했다.

입시설명회는 해마다 두 차례씩 지속적으로 열린다. 건양대 콘서트홀에서 진행되는 설명회는 매번 수험생과 학부모들로 1000여 좌석을 채우고도 자리가 모자라 서거나 바닥에 앉아가면서까지 4시간 동안 뜨거운 열의 속에 진행되었다. 그 광경을 보면서 우리 논산의 학부모들 역시 그 누구보다도 교육열이 뜨겁다는 것을 느꼈다.

'그 동안 부족한 정보와 여건 때문에 얼마나 답답하고 안타까웠을까?'

나는 교육 기회에 있어서도 타 지역보다 소외되었다는 생각을 갖지 않도록 해 주고 싶다.

수험생들을 위해서 입시설명회를 실시했다면 고등학교 1학년생들을 위해서는 서울에 있는 우수 대학을 방문하는 프로그램을 실시했다. 공부 열심히 하라는 백 마디 채근보다 스스로 열심히 할 수 있도록 동기를 부여해 주는 것이 자기주도 학습에는 최고라고 생각한다. 우리 아이들이 시골에서 태어났다는 이유로 우물 안 개구리처럼 큰 비전을 세우지 못하고 꿈을 포기하는 일만큼은 절대 없어야 한다.

서울 등 대도시에서는 수학능력시험이 끝나면 바로 그날 저녁부터 수험생들의 수고를 위로하는 다양한 프로그램과 이벤트가 열린다. 우리 논산 수험생들도 예외가 될 수는 없다. 나는 우리 논산의 수험생들을 위한 대형 콘서트를 기획하도록 했다.

수학능력시험 바로 다음 날 저녁, 공설운동장에서 〈수험생과 시민이 함께하는 드림 콘서트〉가 열렸다. 김건모·백지영·에이핑크 등 국내 정상급 가수들이 출연, 쌀쌀한 날씨에도 수능시험을 마친

초등학생 서울문화체험(국회 본회의장)

가고 싶은 대학 탐방(서울대 정문 앞 연무고 학생들)

수험생들과 청소년들을 비롯한 많은 가족 단위 관람객들은 공연 시간 내내 열띤 호응을 보였다. 공연 말미에는 늦가을 밤하늘에 불꽃을 쏘아 올려 다시 한번 탄성과 감동을 주며 화려한 막을 내렸다.

학력신장을 위한 프로그램 외에 올해부터는 '논산학 특강'을 시작했다. 앞으로 우리 논산을 이끌어 갈 중고교생들에게 지금의 논산이 형성되기까지의 역사적 과정을 알리고 논산을 깊이 이해할 수 있게 함으로써 미래에 대한 비전을 제시하고 고향에 대한 자긍심을 심어 주기 위한 취지다. 건양대학교 예학교육연구원 김문준 원장을 초빙해 이루어지는 이 특강을 통해 자라나는 청소년들이 논산의 본모습을 제대로 알고 물질중심주의, 과학기술 만능주의 사회에서 잃어버린 인간의 본성과 자연성을 회복시켜 날로 심각해지는 학교폭력 문제 예방에 도움이 되었으면 하는 바램이 있다.

이처럼 청소년을 위한 다양한 지원을 위해 우리 시는 '교육사랑 동반자 논산시'라는 기치 아래 해마다 교육청에 지원하는 교육경비 예산을 늘려 왔다. 올해의 경우 논산계룡교육지원청에 62억 원의 교육경비를 지원했는데, 이는 친환경 무상급식 · 교수학습활동 지원 · 교육복지 · 바른 품성 함양 등을 위한 총 27개 사업에 반영될 계획이다.

개천에서 용? 날 수 있다!

■ 역사는 다시 흘러야 한다

　현재 우리는 실로 눈부시게 발달한 정보화 사회에서 살고 있다. 불과 10여 년 전에 초고속 인터넷·벤처기업 등의 단어들이 정보화 사회를 대변하며 우리 사회의 화두로 떠올랐으나, 2010년 오늘날은 전 세계 모든 사람들과 언제 어디서나 친구로 엮어주는 트위터 등의 SNS(소셜 네트워크 서비스)와 스마트폰이 새로운 정보화 사회 아이콘으로 떠오르고 있다. 이렇게 발달한 정보화 기기와 인터넷 서비스로 정보의 공유와 확산이 급속하게 이루어지고 시·공간의 개념이 무색해져 가는 시대를 살면서 내 눈을 의심케 하는 뉴스를 접한 적이 있다.

경남의 어느 유적 발굴 현장에서 발견된 약 700여 년 전의 연꽃 씨가 발아에 성공해 올해 연꽃을 피웠다는 소식이다. 조선시대의 미라를 발견했다는 뉴스는 간혹 접했어도 고려시대의 것으로 추정되는 씨앗이 700여 년의 세월을 이겨 내고 다시 꽃 피웠다는 소식은 참 놀라웠다. 아니 놀라다 못해 경이로운 자연의 신비감과 끈질긴 생명력에 경외감까지 느껴졌다.

700년 전에도 화려했었을 그 연꽃이 자연의 섭리에 따라 씨앗으로 잠시 오그라들었던 시기는 고려시대 말, 그러니까 불교의 기운이 쇠하고 안향 등 고려 지식인들에 의해 주자성리학이 도입된 시기이자 태조 이성계가 위화도회군으로 조선을 개국한 무렵이다.

우리 논산에는 고려 연꽃 씨와 같이 700년까지는 아니지만 조선 후기부터 현재에 이르기까지 100~200년간 땅 속에 파묻혀 온 문화 자산이 있다. 바로 '기호유교문화'이다. 조선 중기에 이이와 이황으로 대변되는 기호학파와 영남학파가 조선 유학의 양대 축을 형성함으로써 조선 유학의 중흥을 열었다는 것은 잘 알려진 역사적 사실이다.

특히 율곡 이이의 제자인 사계 김장생 선생은 예학파 유학의 거두로서 송시열, 송준길 등의 유학자를 배출하는 등 기호학파를 형성했다. 또한 그 아들인 김집은 김장생과 함께 예학의 기본 체계를 완성시켰다는 평가를 받으며 부자가 나란히 성균관 문묘에 배향된 동방 18현에 포함된다. 이렇게 논산은 기호학파의 커다란 구심점인 김장생·김집 선생의 고향이며, 기호학파 유산이 전국에서 가장 많은 지역이다.

또한 기호학파가 조선 후기까지 집권층으로써 조선시대 유교문화 발전에 많은 기여를 했는데도 도산서원, 이황, 조식 등으로 대변되는 영남학파의 현재 발전상에 비추면 초라하기 이를 데 없는 형국이다. 산재되어 있는 유교문화 자산의 활용 및 발전에 필요한 예산은 차치하고라도 유지 보수에 필요한 예산도 부족한 편이고 민선 4기에서 추진했던 논산 유교문화권 개발사업 역시 중앙정부의 예산 지원이 이루어지지 않아 답보 상태에 있었다.

700여 년 전 고려시대의 연꽃 씨가 장구한 세월을 이기고 마침내 화려한 꽃을 피워 냈듯이 조선 중기 3, 400년간 영남학파와 함께 조선 유학의 융성한 발전을 이끌었던 기호학파와 관련된 유산에 대해 시대적인 재조명은 반드시 필요하다.

유교문화권 인프라를 구축해 퇴색해져 가는 충·효·예 사상을 복원하고 효와 공경의 사회 분위기를 진작시키는 등 화려한 유교문화의 꽃은 다시 피워야 한다. 조선시대 두 학파의 영향력을 생각할 때 기호유교문화권도 영남유교문화권 개발에 버금가는 보존과 개발이 이루어져야 마땅한 것이다.

2012년 가을, 나는 "논산은 기호유교문화권의 핵심 지역인 만큼 장기적인 기호유교문화권 종합개발사업 추진을 위한 그림을 만들어 내고 싶다."고 밝히고, 충청남도에 건의해 사업 추진을 위한 전담 부서를 만들었다. 그리고 안희정 충남도지사와 함께 국회를 방

안희정 도지사님과 함께 강창희 국회의장님에게 충청유교문화권 개발 필요성 설명

문해 강창희 의장, 박병석 부의장, 민주통합당 이해찬 당시 대표 등을 만나 충청 유교문화권 개발을 위한 적극적인 협력을 당부했다.

내친김에 그길로 예결위 회의장을 찾아가 장윤석 예결위원장, 최재성 간사, 예결위 소속 양승조·박범계·이상민 의원과 이미경 의원 등을 차례로 만나 충청 유교문화권 개발의 당위성을 설명했다. 이미 1조 5,000억 원 이상이 투입된 경북 유교문화권 개발사업과 같이 대규모 국책사업으로 추진하기 위해 예산 지원 등 국회 차원의 절실한 협조를 부탁했다.

충청 기호유교문화권 개발사업은 충남·북, 대전, 세종의 광역단위 균형 개발사업으로, 조선 중기 이후 실질적인 조선의 지배세력이었던 기호학파의 사상을 재조명하는 것은 물론이거니와 21세기를 이끌어갈 보편적 가치로 인정받고 있는 유교문화를 통해 현대인에게 정신적 풍요로움을 제공하고 국가적 문화관광 브랜드로 육성시키는 것임을 강조했다.

이미 우리 시는 기호학의 본산인 돈암서원을 유네스코 세계문화유산 잠정 목록으로 등재하기 위한 작업이 진행 중이었고, 대통령 직속 지역발전위원회의 지원을 받은 기호유교문화권 연계 협력 정책토론회도 개최했었다. 또 충남, 대전, 충북, 세종 등 4개 시·도지사가 참여한 충청권 행정협의회에서 유교문화권 개발사업을 협의하는 등 광역단위 업무 공조를 추진해 오고 있었으며, 명재 고택에서는 기호유교문화권 개발을 위한 현장 토론회도 열어 머리를 맞대고 논산을 중심으로 한 충청권 기호유교문화 활성화 방안을 모색하기도 했다. 더욱이 그 토론회는 행정안전부가 주관한 '지자체 간 연계·협력사업' 컨설팅 지원 계획에 충청 기호유교문화권 개발 구상이 선정됨에 따라 소중한 전통문화유산의 현대적 활용 및 개발 방안을 논의하고자 마련된 것이었다.

때마침 당시 논산을 중심으로 충청권 곳곳에 산재해 있는 기호유교문화자원 발굴 및 개발에 대한 관심과 연구 활동이 늘어나고 있는 상황이었고, 기호유교문화권 개발사업이 백제문화권이나 내포문화권처럼 국토부에서 주관하는 지역 균형 개발법상 특정 지역으로 지정을 받아 국책사업유치, 각종 특례제도 등을 활용할 수만 있다면 성공적인 개발과 함께 우리 지역 문화의 브랜드 가치를 높일 수 있을 것이 분명할 터였다.

우리는 지속적으로 기호유교문화권 개발 필요성과 전략, 문화자원 공동 발굴 및 지역 연계 방안, 중앙 및 광역 발전정책 등을 통한 개발 방향 등에 대한 토론회를 열어나갔다. 그리고 그해 겨울, 노강서원이 기호지역 유교 건축의 양식적 특성과 지역성을 간직하고 있음을 근거로 국가 보물로 지정을 받았다.

이렇듯 기호유교문화권의 가치를 인정하는 여러 가지 신호들이 이어지는데, 정작 기호유교문화권 개발사업의 길은 안개가 자욱했다. 내 속도 캄캄한 밤길이었다. 나는 마지막 힘을 다해 국회의장, 부의장, 양당 간사와 만날 수 있는 모든 사람을 다 만나 할 수 있는 모든 방법을 동원해 설득했다.

　마침내 12월 31일, 국회예결위원회가 열렸다. 나는 현장에서 긴장하며 숨죽여 결과를 기다리고 있었다. 하지만 충청권 기호유교문화권 개발사업건은 통과되지 못했다는 소식이 전해졌다. 야속했다. 다리에 힘이 풀렸다. 지금까지 추진해 왔고 추진하고 있는 기업 유치와는 또 다른 사안이었다. 역사를 복원하고 계승하는 일이었고 지역을 넘어 국가의 정신문화를 지키는 범지역적인 대역사였다.

　함께 올라왔던 충남도청과 논산시청 직원들에게 소식을 알리는데, 나도 모르게 눈물이 흘러내렸다. 어느새 모두 함께 뜨거운 눈물을 닦고 있었다. 2012년의 마지막 날, 서울의 밤은 무척 낯설고 서러웠다. 하지만 포기하지 않았다. 될 때까지 도전하는 사람이 나고, 없던 길도 만들어 내고, 가던 사람도 오게 만드는 사람이 나 황명선이다.

　"안 됐으면 또 도전하면 된다!"

　다시 한 번 다짐했다.

　지난 5월, 나는 유진룡 문화체육관광부 장관을 찾아가 중앙정부 차원의 적극적인 지원을 요청했다. 기호유교문화권 개발사업은 수년 전부터 논산시와 충남도가 준비해 온 숙원 사업이며, 지난 대선에서 박근혜 대통령 역시 공약으로 제시하신 만큼 꼭 성사될 수 있도록 노력해 달라며 협조를 구했다.

　유 장관은 정신적 가치가 중요한 시기이며 영남에 이어 충남에

유진룡 문화체육관광부 장관에게 충청유교문화원 건립 필요성 설명.
유진룡 문화체육관광부 장관(우), 남궁영 충청남도 기획관리실장(좌)

서도 이 같은 사업을 추진하는 것은 당연한 일이라고 답했다.

또한 기호유교문화권 개발사업이 시작되면 당연히 논산시가 중심이 되어야 한다며 충남 유교문화권 발전을 위해 유교문화와 관광 정신이 하나로 이어지는 문화육성사업을 지원할 것이라고 말했다.

국회 예산결산위원회도 찾아가 일일이 소속 의원들의 손을 잡고 고개를 숙이며 충청유교문화원 건립의 당위성을 호소했다. 2014년 기획재정부 예산에 반영될 수 있도록 힘을 실어 달라고 의원들의 손을 꼭 잡았다.

송광호 의원은 "황명선 시장이 기호유교문화권 개발사업을 위해 불철주야로 뛰고 있다는 사실은 전부터 잘 알고 있었다."며 충청의 정신적 뿌리인 기호유교문화 발전을 위해 힘을 실어 줄 것이라고 희망적인 답변을 했다.

정부에 몇 번씩이나 찾아가 호소하고 또 호소하는 내 모습을 보면서 어떤 이는 말했다.

"명색이 시장이 그렇게까지 굽신거릴 필요가 있냐."

그렇게 보일 수도 있겠다 싶지만 내 입장은 확고했다. 우리 시를 위해서라면 나는 얼마든지 '을'이 되어야 한다고 생각하기 때문이다. 동양강철 그룹 유치가 그랬고, 충청권 광역철도망 노선 연장 사업이 그랬던 것처럼 나는 된다는 일념으로 오직 전진할 것이다.

특이한 조직도

나는 항상 직원들에게 '시민을 주인으로 섬기는 행정'을 강조해 왔다. 고객을 넘어 주인으로 대하라고 말이다. 그래서 우리 시의 조직도 맨 위에는 시장이 아닌 '시민'이 자리하고 있다. 시민 아래 시장, 그 아래 각 부서가 나뉘는 형식이다. 실·국 명칭도 공무원들 입장에서 명명한 딱딱한 행정용어가 아닌 주인의 입장에서 쉽고 편하게 찾을 수 있도록 바꿨다. 예를 들면 '친절행정국 원스톱 민원과', '행복도시국 맑은물과' 등 이런 식이다.

'시민'을 서비스의 대상인 '고객'이 아니라 '주인'이라고 생각을 바꾸고 보니, 대하는 마음은 물론 공직자들이 정책을 개발할 때

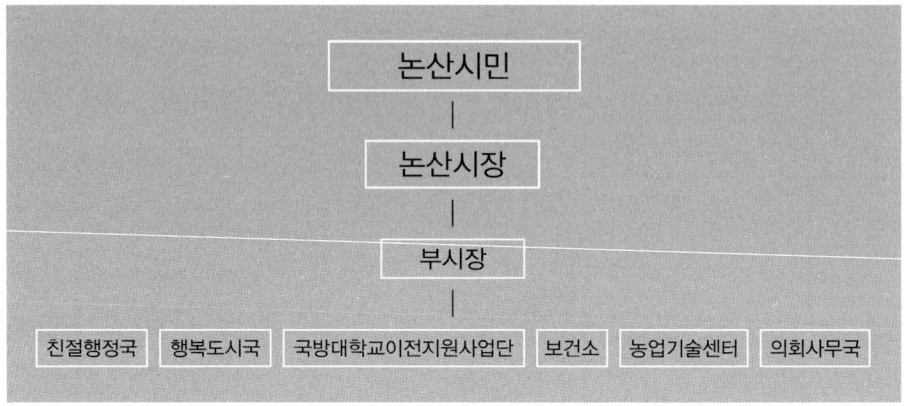

도 계산보다는 진심이 먼저 발동하는 게 보였다.

논산시는 지난 2000년에도 약 3년간 허가민원실을 운영한 적이 있었다. 하지만 당시에는 인·허가 담당자를 파견 형식으로 배치함으로써 민원 처리 서류를 원 소속 부서장에게 별도로 결재 받는 등 체계적이지 못했던 전례가 있었다. 시 친절행정국 소속의 원스톱민원과는 종전 개별 법령에 따라 각 부서별로 분산된 인·허가 업무를 한 부서로 모은 것으로, 민원인이 접수한 서류가 여러 부서의 검토 과정을 거치느라 기본적으로 필요했던 처리 시간과 민원인의 방문 횟수가 크게 줄었다.

한 부서에서 민원서류 접수, 검토, 실무종합심의, 결재, 처리 결과 통보가 한 번에 진행되므로 실질적인 원스톱 서비스가 이루어지는 것이다. 이런 아이디어가 다 시민을 주인으로 섬기는 친절 행정 마인드를 갖게 되면서 나올 수 있었다.

장애인, 노인 등 거동이 불편하여 온·오프라인 창구를 이용하기 어려운 소외 계층을 위해 '민원서류 우편 배달제'를 시행했다. 그리고 청사 민원안내 데스크에 '3D 청사 민원안내 시스템'을 설치하여 시청을 찾는 민원인들이 원하는 부서와 담당자까지 쉽고 빠르게 찾아낼 수 있도록 하였다.

뿐만 아니라 민원실에 있던 기존의 대기 공간을 건강 체크실과 상담실, 북 카페로 꾸몄다. 기다리는 동안 혈압을 체크하거나 발 마사지를 받을 수 있고, 차를 마시며 여유롭게 책을 볼 수도 있다.

시청 내부만 바뀐 게 아니다. 시청 광장도 바꿨다. 삭막한 시멘트 광장에 잔디를 깔고 트랙을 설치해서 시민들이 언제든 찾아와 산책하고 운동할 수 있는 쾌적한 공간을 만들었다. 각종 나무를 심고 파라솔과 벤치를 두어 휴식을 취할 수 있도록 했다. 가을이면 국화를 전시해 잔잔한 음악과 함께 가을의 정취를 만끽할 수도 있다. 굳이 민원이 있지 않더라도 시민들이 기꺼이 시청에 찾아와 휴식을 취하거나 여유 있게 담소를 나누는 모습을 볼 때마다 내 가슴도 충만해진다. 고객과 주인은 확실히 다른 것이다.

■ '친절행정국'을 아시나요?

취임하자마자 나는 민선 5기의 시정운영 방향을 정하기에 앞서 취임 일주일 후부터 2주 동안 홈페이지, 이메일, 방문 등 다양한 경로를 통해 시민 및 공무원의 의견을 접수하고 대학교수 16명으로 구성된 정책자문단의 의견 수렴과 내부 검토, 전 직원 대상의 투표로 결정했다. 그렇게 해서 결정된 시정운영 비전은 '활기찬 논산, 행복한 시민'이며, 시정방침은 첫째 '원칙과 신뢰', 둘째 '소통과 참여', 셋째 '창의와 혁신'이다.

'활기찬 논산, 행복한 시민'이라는 시정 비전은 '시정의 역동성과 사람 중심 정책 추진'이라는 민선 5기의 사상과 이념을 함축적으로 담고 있고, 과감한 혁신과 지역 경제 활성화를 통한 '새로운 논산시대, 대한민국 행복 지자체 1번지'라는 미래상을 표현한 것이다. 그리고 이것이 공염불에 그치지 않도록 900여 명의 공직자가 최선을 다하자고 마음을 다졌다.

그 첫 번째는 '친절'이다. '친절'이라는 혼을 가지고 맡은 바 직무를 성실히 수행하는 공무원, 시민을 위한 공무원이 되기를 바라며 특히 부서장들은 더욱더 강한 친절 마인드를 갖고 직원들을 이끌어 줄 것을 당부했다.

우선 종합민원과 직원들을 대상으로 한 달에 한 번씩 자체 친절 교육을 시작했다. 평상시 업무 시작 10분 전에 티타임을 가지며 친절에 대한 아이디어나 유머를 서로 나누게 해 하루 종일 밝은 표정으로 민원인을 맞이할 수 있도록 했다.

이어서 아시아나항공 교육훈련원의 원혜영 과장을 초청해 공직자는 물론 공익요원, 기간제 근로자 등 논산시에서 근무하는 전 직원 1000여 명을 대상으로 친절 교육을 실시했다.

그리고 분기별로 '친절왕'을 선정한다. 부서장의 추천을 받아 전화 친절도, 민원처리 마일리지, 직원 투표, 자원봉사 실적 등의 평가와 공적심사위원회의 엄격한 심사를 거쳐 최종 선정한다. '친절왕'에게는 인사상 혜택을 비롯해서 시 현관 게시판에 사진을 게시하고 해외연수 기회도 부여한다.

공무원뿐만 아니라 시민들을 대상으로도 친절 교육을 확대했다.

우리가 흔히 윤리·도덕적으로만 여기고 있던 친절을 성공 전략으로 삼아 지역 경쟁력을 강화하고, 건강하고 아름다운 사회를 조성하자는 취지에서 전국 최고의 친절도시 만들기의 일환으로 시작하였다.

약 한 달간에 걸쳐 해당 읍면동을 순회하며 지역주민과 서비스업 종사자 등을 대상으로 친절 에티켓과 서비스 마인드 함양, 적절한 말씨와 응대 요령 등을 주제로 전문 강사의 교육이 이루어졌다.

타 지역 관광객을 대해야 하는 관내 서비스업 종사자들을 대상으로 별도 집합교육을 실시했다. 육군훈련소 입영과 각종 축제 등 매년 우리 시를 찾는 수백만 명의 방문객들에게 좋은 이미지를 줄 수 있도록 하기 위해서다.

그런가 하면 시 보건소는 시민들에게 한 시간 빠른 진료와 민원 서비스를 제공할 수 있도록 동절기를 제외한 근무 시간을 오전 8시로 당겼다.

직원 대상 친절 교육은 보다 심도 있게 추진해 나갔다. 45개 부서 900여 명의 전 직원을 대상으로 전화 친절도 평가를 실시했다. 시민 만족의 출발점은 전화예절과 대면예절인 만큼 매우 중요한 평가다. 친절도 평가 결과 하위 5개 부서는 별도로 자체 교육을 실시하고, 읍·면·동은 연말 종합평가에 반영함으로써 공무원에게 친절이 얼마나 중요한 것인지를 깊이 인식할 수 있도록 했다.

이러한 평가와 교육 결과를 활용해 『친절은 마음의 문을 여는 최고의 열쇠입니다』라는 고객 응대 매뉴얼을 만들어 전 직원에게 배포했다. 현실과 동떨어진 추상적인 매뉴얼이 아닌 3개월여 동안 직원 전화 모니터링을 통해 실생활에서 발생하는 상황별 사례들을 직접 수집, 다양한 응대 요령을 제시했다.

'친절'은 공무원의 적극적인 업무 처리 자세는 물론, 청렴도까지 연결될 수 있는 척도이자 시민들에게 시정에 대한 신뢰를 심어 줄 수 있는 최고의 열쇠다.

통즉불통(通則不痛), 불통즉통(不通則痛)

내가 좋아하는 말 중에 '통즉불통(通則不痛), 불통즉통(不通則痛)'이라는 말이 있다. '통하면 아프지 않고, 통하지 않으면 아프다.'는 뜻으로, 『동의보감』에 나오는 말이다. 그러니까 의학적인 개념이다. 그런데 이건 비단 우리 몸에만 적용되는 개념이 아니라는 생각이 든다. 사람의 관계, 우주 만물의 관계도 통하지 않으면 크고 작은 고통과 문제가 따르고 잘 통하면 고통이나 문제없이 관계가 원활해지니 말이다. 시정을 운영하면서 이 말을 시시때때로 절감한다.

나는 소통을 중요하게 여기는 편이다. 아니, 매우 중요하게 여긴다. 일방적인 지시나 단편적인 보고 형식보다는 자유롭게 토론하는 방법을 좋아한다. 그리고 토론에는 가능하면 많은 사람이 격의 없이 참여하길 바란다. 그래서 우리 시에서는 크고 작은 규모의 토론이 자주 열린다.

한 예가 바로 지난 2011년 6월에 있었던 '상반기 주요 업무 추진 상황 보고회'이다. 시 산하 6급 이상 간부 공무원 170여 명이 참석한 가운데 해당 부서장의 업무 보고에 이어 나와 간부들의 즉석 질의응답, 참석자 토론 순으로 진행됐다. 열띤 토론이 이루어졌고, 오전 아홉 시에 시작한 토론은 오후 일곱 시까지 진행됐다.

통상적인 보고회로, 보통은 해당 부서장의 업무 보고와 간단한 질의응답 정도로 끝나는 게 일반적이다. 그런데 소통의 장을 마련하자 시정 전반에 대한 각 부서별 이해와 공유가 이루어졌고, 열띤 토론을 통해 논산 발전의 미래 전략과 사람 중심의 행복 시정을 펼칠 수 있는 다양한 의견이 도출됐다.

지난 3년 반을 보내면서 유난히 기억에 남는 '소통'의 장이 있다. 2012년과 2013년에 개최한 '전 직원 대토론회'다. 한 해 동안 추진할 시정 업무 전반과 주요 이슈를 함께 이해하고 공유하는 계기를 마련해 행정 능률과 효율을 배가시키기 위해 시 산하 무기 계약직 공무원을 포함한 전 직원이 자리를 함께한다.

2013년 1월 26일 토요일에도 논산의 전 공무원들이 휴일을 반납하고 건양대학교 짐나지움에 모였다. 그리고 '새로운 100년 논산! 행복한 출발을 위한 대토론회'가 열렸다.

종전의 단순한 보고 형태에서 탈피해 업무 보고는 최대한 간략

하게 하고, 32개 실과 소의 주요 현안 사업 보고를 통한 업무 연찬에 이어 논산의 미래 성장동력이 될 핵심 과제들을 화두로 고민하고 대안을 모색하는 토론에 장시간을 할애했다.

탑정호 수변개발사업, KTX 논산 정차역, 기호유교문화권 사업을 주제로 두 시간에 걸쳐 허심탄회하게 진행된 성장동력 발굴 토론회에서는 탑정호 인근 3개 구간 등산로 상품화, 둘레길·명품 가로수길과 야생화 단지 조성, 대형 숙박시설 건립, 횡단 곤돌라 설치를 비롯해 예학관 조성을 통한 도덕성 회복 등 많은 의견이 도출됐다.

더구나 올해에는 농업·국방 정책보좌관과 건양대 교수 및 행정안전부 지방행정연수원 교수, 한국지방행정연구원 연구위원 등 전문가 그룹이 함께 참여하니, 업무 보고 방식을 비롯해 논산 발전을 위한 종합적이고 체계화된 다양한 의견과 전략이 제시되었다.

시간이 지날수록 토론장의 열기는 뜨거워졌다. 우리 시에 대한 깊은 애정과 사명감이 만들어 낸 열기였다. 그 열기가 서로의 마음을 열었고, 우리는 모두 '통즉불통(通則不痛)' 하는 완벽한 소통을 하며 창의적인 아이디어들을 쏟아 냈다.

2014년이면 우리 시는 개청 100년을 맞는다. 이날의 토론은 그래서 더욱더 값진 토론이었다. 지난 100년을 마무리하고 새로운 100년을 준비하는 귀한 시간에 논산의 미래를 위해 뛸 계약직을 포함한 모든 직원들이 함께 머리를 맞댔다는 것 자체만으로도 우리는 서로가 서로에게 또 하나의 강력한 에너지가 되어 주었다.

논산시 전 직원 대토론회

■ 목민의 관직은 구해서는 안 된다

　우리 시에 신입 공무원이 임용되면 나는 임용장을 수여하는 자리에 부모님이나 배우자 등 가족을 함께 초대한다. 임용장을 수여한 뒤 새내기 공무원들이 공직에 입문하기까지 노고가 많았을 부모님 등 가족들에게 감사의 꽃다발을 전달하고, 자녀들이 몸담고 생활할 직장을 보여 주기 위해서다. 그리고 시민을 섬기는 바른 공무원으로 공직에 헌신해 줄 것을 당부하는 의미로 "다른 관직은 구해도 좋으나 목민의 관직은 구해서는 안 된다."는 『목민심서』의 한 구절을 꼭 덧붙인다.
　취임하면서 나는 여러 가지 비전과 시정운영 방침을 세웠는데,

그 중 성과 중심의 자치역량 강화를 시정운영 방향으로 정하고, 전 부서가 역동적으로 움직이는 '일하는 조직' 분위기를 만들기 위해 성과관리 체계 구축에 심혈을 기울여 왔다.

1년 단위로 각 부서가 지표와 실행 과제를 설정한 후 이를 실행, 최종적인 성과를 한국정책학회에 분석 의뢰한다. 거기서 각 부서가 설정한 지표와 실행과제가 얼마만큼 적절하고 얼마나 달성했는지를 평가하고, 고객들의 설문조사를 통해 최종 분석한 다음, 개선점과 향후 운영 방향에 대한 보고회를 갖도록 하는 것이다.

그리고 성과관리와 관련된 정예 요원인 '성과관리 파트너'를 양성해서 이들이 시 자체적으로 지표를 개발하는 컨설턴트 역할을 수행하게 됨에 따라 성과관리 부서와 평가자, 피평가자에 대한 의견 수렴 창구로서 긍정적인 기능을 할 수 있도록 했다.

'성과 중심의 자치역량 강화'라는 것이 처음에는 공직자들에게 다소 불편하고 힘들 수 있었을 것이다. 이해한다. 하지만 '혁신'이란, 말 그대로 '가죽을 벗겨 내는 고통을 감내해야 도달할 수 있는 것'이 아닌가. 그래야만 시민들로부터 굳건한 신뢰를 받을 수 있는 것이 아니겠는가.

나는 생산적인 공공부문은 시민에 의한 반응성으로 존재하며, '시민'은 고객을 넘어 '주인'의 개념으로 바라보는 시각이 필요하다고 생각한다. 시민의 만족도 평가가 '싫다' 혹은 '공정하지 않다'는 것은 시민을 신뢰하지 않는 자세라고 본다. 시민을 설득하고 대화해야 할 책임은 어디까지나 공무원에게 있으며, 공무원이 시민을 바꿀 수 없으므로 주인으로 인식해야 한다고 생각한다. 우리 시의 성과관리 운영의 핵심은 바로 여기에 있었다. 다행히 시간이 흐르면서 점차 성과 평가에 대한 직원들의 의식이 변화되었고, 목표를 갖고 업무를 추진하면서 결과적으로 조직 발전에 긍정적인 영향을 미쳤다.

엄격한 평가는 인사에 객관적으로 반영했다. 특히 2012년 7월에 있었던 정기 인사에서 연무읍장을 서기관으로 진급시켜 국방대이전사업단장으로 발탁해 세간의 주목을 받았다. 읍면동장에서 국장으로 승진한 경우는 1914년 개청 이래 처음 있는 일이며, 전국에서도 손에 꼽을 수 있는 드문 사례라는 것이다. 하지만 서기관으로 승진한 윤용원 연무읍장은 연무읍과 논산시의 민선 5기 핵심 현안이었던 면회제 부활과 영외면회를 이끌어 내는 데 읍민의 역량을 결집시키고 연간 130만 입영 및 면회 장병, 그리고 가족들에게 친절도시 이미지 구축을 위해 헌신적인 열정을 펼쳐 온 분이다.

어느 부서에 근무하든지 이렇게 능력과 성과만 뚜렷하면 얼마든지 승진할 수 있어야 한다고 생각한다. 그런 희망이 있어야 신바람 나게 소신껏 자신의 역량을 다할 수 있지 않겠는가.

떠나간 직원을 기억하며

2012년 4월 3일, 우리 시에서는 복지서비스 확대와 읍·면·동과 본청 간 업무이관, 복지 사각지대 해소를 위해 사회복지 신규 인력을 확충하고 임용장을 수여했다. 항상 그렇듯 새내기 공무원의 부모님과 가족들을 초대해 꽃다발을 드렸다.

취임 후 사회복지 예산은 해마다 늘었고 사회복지 프로그램도 그에 비례해서 증가했다. 당연히 사회복지 담당 공무원의 업무량도 늘어갔다. 결코 쉽지 않은 부서 중 하나인 사회복지과에서 근무하게 될 공무원들이 대견하고 고마웠다.

그 가운데 유달리 눈길이 가는 직원이 한 명 있었다. 그 직원은 제법 빨리 일을 익혔고 열심히 일하는 모습이 자주 눈에 띄었다. 그렇게 1년이 지난 어느 봄날 새벽, 나는 날벼락 같은 소리를 들었다. 그 직원이 열차에 치어 숨졌다는 것이다. 나는 머리를 한대 얻어맞은 듯 정신이 아뜩했다. 순간, 만나면 늘 환하게 웃어 주던 그 직원의 얼굴이 스쳐 지나갔다. 조사 결과 사고사로 판명이 됐지만, 조사 과정에서 공개된 직원의 일기장이 오래도록 나의 뇌리에 남았다.

"나에게 휴식은 없구나. 사람 대하는 게 너무 힘들다. 일은 자꾸 쌓여만 가고, 삶이 두렵고 재미가 없다. 아침이 오는 게 두렵다."

사회복지 업무가 얼마나 힘에 부쳤는지 이 대목을 보면서 가슴으로 전해져 왔다.

'사람 중심, 친절 행정, 행복 지자체 1번지, ······. 시민을 위해 일해야 한다는 생각으로 내가 달려오는 동안 900여 명의 공직자들은 참 많이 힘들었겠구나······.'

더구나 노인, 장애인, 저소득층 등 소외되고 약한 사람들을 위해 이런저런 아이디어를 내어 실행하자고 했던 게 담당 말단 공무원들에게는 얼마나 버겁고 힘든 일이었겠는가. 가슴이 아팠다.

장례를 마치고 그 직원의 부모님을 따로 찾아뵈었다. 그 자리에서 나는 선뜻, 어떤 말도 할 수가 없었다. 그분들은 임용장을 받던 자리에 참석하셔서 꽃다발을 받으며 누구보다 기뻐하셨던 분들이다. 적어도 그 부모님께만은 내가 죄인이란 생각을 떨칠 수가 없었다.

그 일이 있은 후 나는 다시 한번 나의 딜레마에 대해 고민했다.

'나 황명선은 13만 시민의 대표인가, 900여 명의 공직자 대표인가?'

나는 즉각 모든 부서의 업무량을 정확히 진단하고 개선할 것을 주문했다. 각 부서별로 개별 면담을 통해 업무 현황 및 과중 여부를 파악해서 개선책 및 대책을 마련하도록 했다. 업무가 지나치게 과중해도 안 되고, 지나치게 마음에 부담감이 있어도 안 된다. 그런 곳이라면 더 이상 좋은 직장이 아니기 때문이다. 그래서 나는 업무에 스트레스 받지 않는 근무 여건 조성을 위한 매뉴얼을 제작하기로 했다.

직원을 떠나보낸 후로 사회복지 분야는 물론 각 부서별로 새로운 정책이나 프로그램을 추진할 때마다 마음이 숙연해진다. 젊은 직원의 죽음이 헛되지 않도록 시민을 위한 정책도, 그것을 담당하는 공무원들의 입장도 반드시 함께 생각해 보게 된다.

먼저 간 우리 젊은 직원이 부디 편안한 곳에서 영면하기를 기도한다.

있으면 활용하고, 없으면 만들어 낸다

평소 직원들에게 "있으면 활용하고, 없으면 만들어 내라."는 말을 자주 한다. 우리 지역에 있는 자산은 잘 활용하고, 자산이 없으면 만들어 낼 수 있어야 한다는 의미다.

그런 맥락에서 볼 때 참 안타까운 일이 있다. 많은 사람들이 '논산' 하면 육군훈련소만 있는 줄 아는데, 사실 그렇지 않다. 벌써 32회를 맞은 '스승의 날'은 애초에 논산에 있는 강경고등학교(당시 강경여자고등학교) 청소년적십자사 단원들이 1958년부터 병환 중에 있는 선생님을 위문하고 퇴직한 스승님을 위로하던 활동에서 비롯되어 그것을 기념하기 위해 제정된 것이다. 그렇기 때문에 우리 시에서는 스승의 날 행사를 다른 지자체에 비해 성대하게 치른다. 이틀에 걸쳐 다양한 이벤트와 토론회 등이 진행된다.

나는 스승의 날과 관련된 의미 깊은 이 역사적인 이야기가 빛을 보지 못하고 묻혀 있는 것이 참 안타까웠다.

그래서 '스승 기념관'을 만들어야겠다고 생각했다. 스승의 날 발원지인 논산에 대한민국 모든 선생님들이 찾을 수 있도록 '스승 기념관'을 만들어 논산의 품격을 높이고, 사라진 '존사애제(尊師愛弟 : 스승을 존경하고 제자를 사랑한다.) 정신'을 되살리고 싶었다.

2013년 5월에는 서남수 교육과학기술부 장관이 참석한 정부 공식 스승의 날 기념식이 논산에서 열렸는데, 그 자리에서 '스승 기념관'을 건립해 달라고 공식 건의했다. '스승 기념관' 건립을 통해 후손들에게 스승의 은혜를 배우는 현장이 되도록 할 것이며, 필요하다면 논산시가 부지를 제공하고 정부가 지원하는 방식으로 반드시 성사시킬 것이라는 구체적인 계획도 밝혔다.

해마다 5월이면 대한민국 곳곳의 학교에서 울려 퍼지는 노래〈스승의 은혜〉. 노래를 부르는 아이들의 정서도, 듣는 선생님들의 사명감도 그 노래가 처음 만들어졌을 때와는 많은 차이가 있는 건 사실이다. 본질이 왜곡되어 일부 학교에서는 스승의 날 아예 휴교를 하는 학교까지 있다고 하니, 참 안타까운 일이다. 분명 존사애제 정신은 다시 살아나야 한다.

"있으면 활용하고, 없으면 만들어 낸다."는 정신으로 기획한 또 다른 프로젝트는 '수락계곡 얼음축제'다. 2013년 1월, 대둔산 수락계곡에는 종일 관광객들의 발길이 끊이지 않았다. 아이들이고 어른들이고 할 것 없이 눈썰매를 타고 봅슬레이 체험을 하기 위해 줄을 서서 기다리는 진풍경이 벌어졌다. 다른 한쪽에서는 다양한 모양으로 조각된 얼음기둥과 눈 조각상 앞에서 기념사진을 찍는가 하면, 장작불에 고구마 · 가래떡 · 밤 등을 구워 먹으며 추억에 잠기는 사람들도 있었다. 이날은 관광객들의 차량 때문에 인근 도로 3km 구간이 오후 늦게까지 북새통을 이룰 정도였다.

논산은 1월 평균기온이 영상 5.4℃로, 겨울에도 따뜻한 편이다.

"이런 따뜻한 남쪽 지역 논산에서 강원도 평창에나 가야 볼 수 있는 봅슬레이 체험 시설, 눈썰매장을 만들면 어떨까?"

누구도 생각해 본 적 없는 발상에 처음에는 많은 사람들이 의아해했지만 우리 시의 자연자산 대둔산이라면 가능했다. 천혜의 장관을 갖춘 수락계곡은 인근 지역보다 기온이 4~5℃ 정도 낮아 여름에도 한기가 도는 곳이다. 이러한 여건을 활용해 스토리가 있는 겨울축제를 만들면 지역민의 화합은 물론 경제 활성화까지 둘 다 도모할 수 있을 것 같았다.

우리는 즉시 축제를 만드는 일에 착수했다. 그리고 2013년 1월, 드디어 대둔산에서 '논산 수락계곡 얼음축제'가 개막되었다. 봅슬레이, 눈썰매 등을 비롯한 다양한 체험행사와 먹거리, 조형물들로 즐길거리까지도 풍부하고 유쾌한 행사였다. 한 달 동안 열린 축제의 반응은 가히 폭발적이었다. 개막 15일여 만에 관광객 6만여 명을 돌파하면서 지역의 차별화된 겨울축제로 급부상되었다.

같은 충청권의 다른 지자체들은 모두 깜짝 놀랐다. 첫 회인데도 이번 축제에 총 약 6만 명이나 찾아와 지역을 대표할 수 있는 겨울 축제로서 그 가능성이 확인되었다. 게다가 직접경제 효과는 약 9억 2,600만 원, 경제적 파급효과는 25억 900만 원으로 분석되었다.

강원도도 아니고 충청남도에서 무슨 얼음축제냐 싶었던 사람들도 있었을 것이다. 하지만 우리에게는 '대둔산 수락계곡'이라는 귀한 자산이 있는데, 못 할 일이 아니었다.

멀리 강원도에까지 가지 않아도 가까이에서 겨울을 만끽하는 충청권 지역민들을 보며 덩달아 참 기분 좋은 겨울을 보냈다. 평소에 자주 말해 왔던 "있으면 활용하고, 없으면 만들어 낸다."는 모토를 제대로 실천하고 보여 준 사례다.

논산 대둔산 '수락계곡 얼음축제'를 즐기는 시민과 관광객들

■ 디자인 논산

도시 전체를 디자인한다는 것, 이미 선진국에서는 지자체별로 차별화되고 특성화된 도시 디자인에 관심을 기울인 지 오래다. 당장 배를 불려주는 것은 아니지만, 실용과 심미를 갖춘 도시 디자인이 도시민들의 삶의 품격을 얼마나 높여 주는지, 또 그들이 체감하는 삶의 품격이 삶의 만족도로 이어져 도시 전체의 안정과 건강에 어떻게 기여하는지를 이미 잘 알고 있기 때문이다.

평소 디자인 가치에 관심이 깊었던 나는 취임 후 디자인 전담 부서를 만들었다. 모토는 '사람 중심의 디자인 논산', 삶의 질을 높이는 데 가장 필요하다는 판단에서다.

지난 3년 반 동안 운영했던 '디자인 논산'의 가장 대표적인 것은

'樂! 100년 연산역 문화마당 만들기' 사업이다. 2014년이면 100년의 역사를 지니게 되는 연산역에서 주민과 외지인이 함께 즐기는 문화 콘텐츠를 개발했는데, 공공디자인 개선 및 지역민의 자발적인 참여와 문화 공유로 연산 지역의 문화적 정체성을 찾고 외부 인구 유입을 통해 지역 문화 홍보와 지역 경제 활성화를 도모하도록 한 것이다. 또, 역사 깊은 연산역 및 주변 원도심 활성화에 초점을 두고 역 광장을 조성하고 창고 구조 변경, 역사 지붕과 외벽에 슈퍼그래픽(Super Graphic)·벽화(Mural Painting) 작업을 통한 복합 문화 공간을 만들어 가고 있다.

대외적으로 수상을 한 것도 많다. 2011년 3월에는 유니버설 디자인 공모사업 최우수상을, 2011년 8월에는 문화체육관광부가 주관한 2011년 문화디자인 프로젝트 '간이역 사업'에 연산역이 최종 선정됐다. 타 시·군과의 열띤 경쟁 끝에 연산역이 선정받아 국비를 확보하는 한편 '디자인 논산'을 향해 한 걸음 더 내딛는 계기를 마련했다.

이어서 9월에는 여의도 63시티에서 열린 '2011 제3회 대한민국 국토 도시 디자인대전'에서 '공공공간 부문 최우수상'의 영예를 안았다. '제3회 대한민국 국토 도시 디자인대전'은 파이낸셜 뉴스가 주최하고 국토해양부가 후원하여 총 4개 부문 즉, '공공공간', '기반 시설', '도시단지', '학교 가는 길'로 심사가 이루어졌다. 우리 시는 화지시장 상인과 시장을 찾는 고객에게 안락하면서도 아름다운 공간을 제공하기 위하여 세련된 폴리카보네이트 재질로 트러스형

아케이드 지붕을 연결한 '화지중앙전통시장 환경개선사업'을 응모 작품으로 제출했는데, 화지중앙전통시장의 기존 환경을 최대한 고려한 점과 경관 디자인에 대해 고려한 점이 크게 호평을 받았다.

우리 시는 앞으로도 유니버설 디자인을 모토로 시민 누구나 편안하고 쾌적하게 생활할 수 있는 도시를 만들기 위해 공공 디자인 사업을 지속 추진해 나갈 계획이다.

그런가 하면 간판 개선 공모 사업은 2013년까지 4년 연속 6차례나 대상지로 선정되는 쾌거를 거뒀다. 행정안전부가 주관하는 간판 개선 공모 사업에는 매년 경쟁이 치열하다. 그런데 우리 시가 제출한 제안이 전국 지자체 제안 중 가장 우수하다는 평가를 받은 것이다. 그것도 연속 4년 여섯 번이나 말이다. 시의 강력한 추진 의지와 조기에 지방비를 확보한 점, 그리고 점포주들의 열의가 크게 반영된 결과라고 했다.

앞서 세 차례 선정으로 지원 받은 사업비로 338개 업소의 간판을 정비해 2012년에는 충청남도 옥외광고물 평가에서 최우수 기관 표창을 수상하기도 했다. 이번 선정으로 우리 시는 1억 7,000만 원을 지원 받았다. 여기에 시비 2억 원과 광고주 자부담 4,100만 원을 포함한 총 사업비 4억 1,100만 원을 투입해 2013년 말까지 연무 안심리 일원의 간판을 LED 간판으로 교체하게 된다.

'디자인 논산', 아직 걸음마 단계에 불과하지만 그 동안의 성과로 보자면 앞으로의 기대가 참으로 크다.

제3회 대한민국 국토 도시 디자인대전에서
최우수상의 영예를 안은 화지중앙전통시장

심장의 주파수를 맞춰라

내가 부모님께 참 감사해하는 것 가운데 하나는 사람의 마음을 잘 헤아릴 수 있는 감성을 주신 점이다. 다른 사람은 누군가를 만나 대화를 나눌 때 눈을 마주 본다고 하는데, 나는 가슴을 본다. 아니 정확히 말하면 가슴을 맞댄다. 심장의 주파수를 맞추는 것이다. 아이든 어른이든 누구를 만나든 나는 심장의 주파수부터 맞춘다. 자동으로 그렇게 되는 것 같다. 그래서일까? 상대방의 마음을 잘 느낀다.

월례회의가 있는 날에 시상식을 할 때가 종종 있다. 한번은 어버이날을 맞아 효부상을 드릴 때였는데, 허리가 너무 많이 휘어진 아주머니가 단상에 올라오셨다. 상을 드리겠다고 여기까지 올라오시게 한 것조차 죄송할 만큼 참 힘들어 보였다. 나는 빨리 의자를 갖고 오라고 해서 그 아주머니가 앉을 수 있도록 했다. 극구 사양을 하셨지만 나는 차마 내 앞에 세워놓고 상을 드릴 수가 없었다. 의자에 앉아 계신 아주머니의 수상 차례가 되었을 때, 나는 무릎을 꿇고 정중하게 상장을 드렸다. 눈을 마주보기 위해서가 아니라 심장의 주파수를 맞춰서 내가 진심으로 존경하고 있는 마음을, 감사드리고 있는 마음을 그대로 전달하고 싶었기 때문이다.

미국의 한 심장연구소에 따르면, 사람의 심장에는 일종의 자기장처럼 파장이 발생하는데, 사람과 사람이 만났을 때 서로의 파장이 물리적 영향력을 주고받아 에너지를 만들어 낸다고 한다. 그러고 보니 내가 수많은 사람들을 만나 기업유치, 예산 확보를 할 수 있었던 것도 심장의 주파수를 맞춘 덕분이 아닌가 싶다. 당위성을 주장한 것만으로 그 많은 일들이 극적으로 성사될 수는 없었을 것이다. 어떤 지자체건 사업을 추진할 때는 논리적, 정황적 당위성을 충분히 확보한 다음에 추진하기 때문이다.

사람은 머리의 명령을 받아 행동하는 것 같지만 어쩌면 정작 중요한 결단은 심장의 명령을 따르는 것인지도 모르겠다. 역사는 곧잘 '예상치 못한 결과'를 반복하며 기록되지 않던가. 무조건 진심을 채운 심장으로 주파수를 맞출 일이다.

내 오래된 기타

나에게는 오래된 기타 하나가 있다. 젊은 시절 곧잘 들고 다니며 치던 손때 묻은 기타. 누군가의 어깨 너머로 코드를 익히고 어설픈 주법을 밤새워 연습하던 내 20대의 순수가 그대로 묻어 있는 기타다.

한때는 분신처럼 메고 다녔던 것을 정치에 입문하고부터는 언제 한번 여유부리며 앉아서 기타를 칠 시간이 없었다. 이제 이 분신 같았던 내 기타는 언제부터인가 서재 구석에 세워져 뽀얗게 먼지가 쌓여 갔다. 어쩌다 구석에 세워 둔 내 기타를 보게 되면 그때 기타를 치며 함께 노래 불렀던 시절의 감성이 되살아나곤 한다. 그리고 그 시절 나의 생각, 세상을 보던 순순한 마음을 되새겨 보게 된다.

열혈 청년 20대의 '나'

시장이 되고 몇 번 그 기타를 들고 나온 적이 있다. '기타'라는 게 축제 현장에서 흥을 돋우는 데 한몫하는 거야 당연한 일이다. 그런데 나는 전 직원 대토론회를 하던 그 자리에서도 기타를 들었다. 지역 언론이 모두 주목하는 전 직원 대토론회, 900명이 넘는 논산의 공직자들이 다 모이는 곳, 분위기는 경직되어 있었고 살짝 긴장감도 감돌았다. 나는 조용히 기타를 치기 시작했다. 그리고 노래를 불렀다. 누군가 함께 부르기 시작했고, 어느 순간 우리는 다 같이 노래하고 있었다.

'토론'이란, 함께 마주 보고 이야기를 나누는 것이다. 가슴이 열리지 않고 열 시간 스무 시간을 마주 앉아 이야기를 한들 그것이 진정한 소통이었다고 말할 수 있을까? 기타를 치며 나의 마음이, 함께 부르며 그들의 마음이 서로 물처럼 휘돌아 섞이면 단 몇 분을 앉아 이야기를 나눠도 이심전심 깊은 공감대를 형성할 수 있는 것이 아닐까?

내 오래된 기타는 나에게 그런 것이다. 내 20대 시절의 열정과 순수로 나를 데려가 내 가슴이 사막처럼 타들어가지 않도록 해 주는 사려 깊은 오랜 친구다.

조수미 보러 논산 가자!

아주 오래 전으로 기억된다. 휴먼 다큐멘터리 프로그램에서 클래식 공연을 찾아다니면서 감상하는 20대 후반 남매의 이야기를 다뤘다. 그들의 클래식 사랑이 휴먼 다큐멘터리 소재로 선택된 것은 음악적 취향 때문이 아니라 그들의 고상한 취미와 상반되는 곤궁한 삶 때문이었다.

두 남매는 모두 미혼이었고, 클래식을 무척 좋아했다. 그래서 힘들게 돈을 모아 공연을 보러 다닌다. 그들의 초라한 행색은 공연장에서 무척 두드러지지만 아랑곳하지 않는다. 오로지 공연에 심취해서 감상을 한다. 공연이 끝나고 돌아올 때, 그들의 표정은 너무도 행복해 보였다. 그리고 작은 단칸방으로 돌아와 그들은 삶은 콩으로 늦은 저녁을 해결했다.

그 프로그램을 본 사람들은 대부분 "밥도 못 먹으면서 클래식은 무슨 클래식이냐."는 반응이었다. 그런데 나는 그들이 이해가 갔다. 공연을 보고 돌아오던 밤길 달빛처럼 빛나던 그들의 표정. 그건 한 끼 배부른 식사가 결코 만들어 줄 수 없는 영혼의 충만감, 인간으로서의 자긍심, 바로 그것이었다. 오래 전의 그 다큐멘터리가 살아가면서 가끔 생각난다.

지자체의 시장이 되어서 논산의 100년 성장동력을 마련하는 것이 절대 과제임을 누누이 강조하면서 나는 그 성장동력의 질을 결정하는 것은 바로 '문화'라고 생각했다. 사회복지와 마찬가지로 문화 역시 복지 개념으로 바라봤다. 문화가 일천한 민족이 융성한 역사가 없듯이 문화적 감성이 척박한 지자체 역시 번영을 기대하기 어렵지 않겠는가.

그래서 나는 '조수미'도 부르고, '조지 윈스턴'도 불렀다. 시민들은 깜짝 놀랐다. 공주, 대전에는 왔었다는 소리를 들었지만 우리 논산에서는 단 한 번도 그런 큰 공연이 열린 적이 없었기 때문이다. 나는 우리 시민들이 공주나 대전에까지 가서 남의 집 안방에 TV 보러 온 아이처럼 뭔가 불편하게 문화적 욕구를 충족시키고 있는 것 같아 마음이 불편했다. 우리 논산시민들도 내 지역에서 주인 된 마음으로 편하고 느긋하게 조수미의 아름다운 목소리도 감상하고, 조지 윈스

논산 건양대 콘서트홀에서 열린 소프라노 조수미 공연

턴의 낭만적인 감성을 느끼고 공감할 수 있도록 해 주고 싶었다.

2012년 봄, 카라얀이 "신이 내린 목소리"라고 극찬했다는 조수미가 논산에 왔다. 〈보헤미안〉이라는 타이틀의 독창회였다. 티켓은 A석이 17만 원. 하지만 논산시민에게는 6만 원에 판매했다.

중소 도시에서는 처음으로 열리는 '소프라노 조수미 독창회', 시민들의 반응은 과연 폭발적이었다. 발매 30분 만에 전석이 매진되었다. 역시 사람은 빵으로만 사는 것이 아니었다. 그 동안 풀지 못했던 우리 시민들의 문화적인 갈증을 충분히 짐작할 수 있었다. 더욱 기분 뿌듯했던 것은 지금까지와 반대로 부여, 공주, 심지어 대도시 대전에서까지 조수미 공연을 보러 우리 논산시를 찾아왔다는 것이다.

조수미 독창회보다 1년 앞서 자연주의 음악의 거장, 피아니스트 조지 윈스턴의 공연이 있었다. 이때도 시민들의 문화적 갈증 해소를 위해 논산시민은 선착순 무료입장이었고, 몸이 불편한 장애인들은 관람석을 별도로 마련해서 우선 입장할 수 있게 했다. 건양대 콘서트홀에서 열린 '조지 윈스턴 솔로 콘서트'에는 비도 오고 무더운 날씨였는데도 1200여 명의 관람객들로 성황을 이뤘다.

나는 이 밖에도 〈난타〉, 〈점프〉, 〈바쁘다 바빠〉, 〈3 디바〉 등 서울에서 흥행을 검증받은 수준 높은 연극과 음악 공연 등을 지속적으로 기획했다. 저녁도 거른 남매를 환하게 미소 짓게 했던 '모차르트의 힘'을 잘 알기 때문이다.

형님이 돌아왔다

　2013년 4월 30일, 우리 고향 논산에 형님이 돌아왔다. 작가 인생 40년이 되는 해에 출판한 마흔 번째 소설 『소금』을 들고 오후 4시에 논산 문화예술회관에 모습을 드러낸 형님은 한국 현대문학의 영원한 청년 '박범신 작가'다.
　『소금』은 '가족'이라는 이름의 자본주의적 착취 구조에서 탈출한 주인공을 통해 물질과 욕망, 가족과 아버지의 의미를 되새겨 본 작품으로, 논산에서 탄생한 작품이다. 『소금』에는 옥녀봉과 평매마을, 탑정호, 강경젓갈상회 등 논산의 명소들이 그대로 등장한다.
　이날의 출판기념회를 박범신 작가는 "고향 논산과 그곳 사람들에게 드리는 신고식"이라고 표현했다. 축하 공연과 축사 낭독 등의 순서가 끝난 뒤, 나는 박범신 작가에게 감사패를 전달했다. 논산인의 삶과 꿈을 특유의 필체로 그려 내 한국문학은 물론 우리 논산에도 소중한 문화적 자산이 될 『소금』을 집필해 주신 것에 대한 고마움의 표시였다.

그런데 박범신 작가가 갑자기 주머니에서 편지봉투를 꺼내 건넸다. 예상치 못한 상황에 조금 당황한 나는 조심스럽게 봉투 안의 내용물을 꺼냈다. 봉투에서 나온 것은 다름 아닌 박범신 작가의 주민등록등본이었다. 2013년 4월 30일자로 그의 주소가 '논산시 가야곡면 조정리'로 이전되어 있었다. 형님이 정말 돌아온 것이다. 나는 감동했다. 하마터면 울컥 눈물을 보일 뻔했다. 박범신 작가, 사석에서는 '형님'이라고 하는데, 이 형님이 논산에 내려와 논산에서 의미 있는 작품을 완성하기까지 얼마간의 스토리가 있었기 때문이다.

박범신 작가는 기회가 될 때마다 "황 시장의 꼬임에 빠져 논산으로 내려왔다."고 말하는데, 사실 맞는 말이다. 공범이 있다면 바로 '탑정호'다.

때는 바야흐로 2011년 11월, 단풍도 시들한 늦가을이었다. 박범신 작가는 가벼운 짐을 챙겨 논산으로 내려왔다. 나의 주특기인 설득의 결과였다. 사정은 이렇다. 우연히 박범신 작가가 서울을 떠나 머물 지역을 찾고 있다는 소리를 들었다. 그것을 아는 지자체에서 집필 문학관을 유치하려고 한다는 소식도 들렸다. 박범신 작가의 고향이 우리 논산시 연무였다. 나는 당장 박범신 작가를 만나 뜻을 전하고자 논산으로 초대했다. 만남의 자리는 일부러 아름다운 '탑정호'가 보이는 곳으로 잡았다.

"형님, 고향을 두고 어디로 가시렵니까?"

나는 다짜고짜 물었다. 그리고 새벽 1시까지 설득했다. 그러자 당신은 힘이 없으니 부인을 설득해 보라고 했다. 나는 사모님을 설득했다. 결국 '탑정호'의 힘을 빌어 박범신 작가의 귀환을 성사시켰다.

탑정호가 내려다보이는 자그마한 집을 리모델링해서 집필관으로 쓰시도록 했다.

"2011년 11월 무작정 논산으로 내려오긴 했지만, 사실 그 동안 저는 과연 이 곳 논산에 계속 머물지, 아니면 다시 어디로든 떠날지 마음을 정하지 못한 상태였습니다."

1년 반이 지나서 내보인 속내였다.

"논산을 배경으로 한 소설 『소금』을 쓰고 고향 땅을 제 발로 직접 걸어다녀 보고 나서야 이 곳에 뿌리를 내려야겠다는 확신이 섰습니다. 오늘로 저는 다시 한번 명실상부한 논산 사람이 되었습니다."

이 같은 박범신 작가의 말에 나는 그야말로 미안하고 고마웠다. 이외수 작가나 이문열 작가의 집필실에 비하면 박범신 작가의 집필실은 너무나 소박하기 때문이다. 그런데도 자신을 더욱 단단히 논산에 묶어 놓겠다는 의지의 표현으로 주소지 이전이라니……. 나는 박수로 감사의 뜻을 대신했다.

박범신 작가가 논산에 내려오면서 논산은 문학적 향기와 풍요를 누리게 되었다. 기호유교의 정신이 어려 있는 돈암서원에서 인문학 특강을 열기도 했고, 강경 옥녀봉공원 광장에서 열린 '박범신과 함께하는 문학이야기' 행사에서는 학창시절 동고동락했던 선·후배, 친구들과 문학을 사랑하는 이들이 한자리에 모여 아련한 추억을 나누기도 했다.

그리고 『소금』 출판 이후, 5일에 걸쳐 하루에 15Km씩 '박범신 작가와 함께 내 고향 논산 땅 걷는다'는 행사를 이끌기도 했다. 행사 취지를 밝히는 자리에서 박범신 작가는 이렇게 말했다.

"당신은 고향에서 받은 '생명값'을 잘 치르는 삶을 살고 있는가? 고향에서 부여받은 '첫 마음'을 여전히 마음속에 품고 있는가? 아니 고향을 얼마만큼이나 아는가? 단 하루라도 생명을 준 첫 마음의 그 땅을 온전히 걸어본 적이 있는가? 내가 봄맞이로 고향 사람들과 함께 걸어보고자 하는 뜻이 거기 있다."

"나는 고향에서 받은 '생명값'을 잘 치르는 삶을 살고 있는가? 고향에서 부여받은 '첫 마음'을 여전히 마음속에 품고 있는가?" 박범신 작가의 이 말은 한동안 내 마음에 깊은 울림이 되어 맴돌았다.

박범신 작가님

1%의 가능성을 100% 현실로

박도봉 동양강철 그룹 회장

황명선 시장이 『나는 오늘도 가슴이 뛴다』라는 책을 전해 왔다. 본인의 성장 과정과 민선 5기 논산시장으로 시민과 공직자들과 동고동락(同苦同樂)하며 이루어 낸 소중한 성과와 고민들이 담백하게 담긴 책이다. 책을 읽어 내려가며 '어? 이 사람 나하고 많이 닮았네!' 하고 생각했다. 그래서 한 쪽 한 쪽 모두를 소중한 마음으로 읽었다.

세일즈 시장을 자처하며 단 1%의 가능성만 있어도 어디든 달려가 세일즈 시정을 펼친 부분에서는 기업가로서 특히 공감되었다. 국가 예산 확보와 정부 공모사업 선정을 받기 위해 국회와 중앙부처를 수백 회 이상 방문하고, 중앙부처 공무원들이 "이렇게 뛰어다니는 지자체가 흔치 않다."고 말해 준다는 부분을 읽을 때는 "야! 이거구나!" 하며 감탄사가 절로 나왔다.

황명선 시장과 논산시 공직자들이 동양강철 유치를 위해 때와 장소를 불문하고 나를 비롯한 우리 직원들을 설득하며 우리 동양강철의 입장에서 각종 업무를 추진해 주었던 모습이 떠올랐다. 당시 타 지역으로 동양강철을 이전하려고 계획 중이었지만 나보다 동양강철의 사업구조를 더 잘 알고 있었고, 이전에 필요한 제반 행정 지원을 아낌없이 펼쳐 준 황명선 시장과 공직자들의 뜨거운 열정에 전격적으로 논산 이전을 결정한 바 있는 나이기에, 중앙부처 공무원의 말을 전적으로 공감했다.
'누가 있어 이토록 논산에 열정을 다할 수 있을까!'
'러시아 블라디보스토크 딸기 세일즈!' 이 또한 기가 막히는 부분이다. 이방인들에게 눈길 하나 주지 않는 최악의 조건 속에서 긴급 전략회의를 통해 성공적인 세일즈 프로모션을 이끌어 내 새로운 농·특산물 블루오션 시장을 개척한 기지를 읽으면서 "참 대단해!" 하며 나도 모르게 저절로 박수를 쳤다. 알루미늄 산업도 레드오션이다. 나는 새로운 시장과 제품 블루오션을 찾아 현장과 고객 중심 경영을 펼치고 있고, 또 급변하는 고객들의 요구에 신속·정확하게 대응할 것을 직원들에게 강조하고 있다. 전략의 시대다. 황명선 시장은 그 선두에 서있었다.

톨스토이의 소설 『사람은 무엇으로 사는가』에서 사람은 자신만을 생각하는 마음으로 살아가는 것이 아니라 서로를 염려하고 배려하는 사랑의 힘으로 살아간다고 했다.

사람은 무엇으로 사는가? 사랑이다. 황명선 시장의 시민과 동료 공직자들을 사랑하는 마음을 책 행간 행간에서 읽으며 13만 논산시민과 공직자들이 부러웠다. 황명선 시장을 알고 있는 모든 사람이 행복할 수 있기를 기원하며, 논산의 도전정신 "있으면 활용하고 없으면 만들어 낸다."를 동양강철 변화 DNA로 받아들이고 싶다.

상상력, 창의력, 추진력을 갖춘 준비된 지도자!

김병준 전 부총리 겸 교육인적자원부 장관, 청와대 정책실장

좋은 지도자는 상상력과 창의력, 그리고 이를 실현할 수 있는 집행역량을 필요로 합니다. 남이 생각하지 못했던 조형물을 상상해 내고, 그것을 뛰어난 손재주로 다듬어 내는 조각가를 생각하면 되겠습니다.

지방정부를 이끌어가는 시장은 더욱 그렇습니다. 이 두 가지 능력을 다 가지고 있어야 합니다. 먼저, 지역사회가 당면하고 있는 문제와 그를 둘러싼 환경과 조건을 제대로 파악하고, 이를 토대로 미래를 향한 그림을 그려 낼 수 있어야 합니다. 비전을 정립하고 새로운 정책과 사업을 구상하는 일들이 다 그런 일이겠지요.

그 다음 그런 비전과 정책, 그리고 사업을 실현시킬 수 있는 집행역량을 가지고 있어야 합니다. 지역사회 안팎에서 필요한 인적·물적 자원을 끌어오고, 이해 당사자들의 협력을 얻어내고, 집행조직을 잘 관리해서 이 모든 자원과 에너지가 주어진 목표를 향해서 움직일 수 있도록 하는 일 등이 되겠습니다.

황명선 시장을 보십시오. 바로 그런 사람 아니겠습니까? 우선 분명한 비전과 정책목표를 가지고 있습니다. 책 속에 그 일부가 녹아 있습니다만 그는 논산이 가진 잠재성과 한계가 무엇인지, 또 이를 둘러싼 경제·사회적 환경과 조건이 어떠한지를 누구보다 잘 알고 있습니다.

그리고 그 위에서 논산의 미래를 위한 야심찬 그림을 그리고 있습니다.
　당연히 그냥 얻어진 능력이 아닙니다. 고향에 대한 애정과 열정 위에 학문적 노력과 정책전문가로서의 수련이 더해진 결과입니다. 박사가 되는 과정에서도, 교수가 되어 행정과 정책을 가르치는 과정에서도, 또 정치인으로 성장하는 과정에서도 그는 논산 이야기를 멈춘 적이 없습니다. 탑정호가 어떻고, 기호학파의 본산으로서의 논산이 어떻고……. 언제 어디서 무엇을 하건 그의 마음은 늘 논산에 있었습니다. 공부하고 연마하는 것이 모두 논산을 위해서였습니다.
　뛰어난 집행역량은 더 말할 필요도 없겠지요. '황명선이 해서 안 되는 일은 누구도 못 한다,' 이것이 정설입니다. 타고난 친화력에 설득력, 그리고 그 위에 고향에 대한 애정과 꿈이 깔려 있습니다. 필요한 일이면 연구에 연구를 거듭해 이해 당사자들이 만족하는 대안을 찾아냅니다. 그리고 지위고하, 소속 정당을 막론하고 찾아가 설득해 냅니다. 재미있는, 그러나 한편으로는 눈물겨운 노력의 사례들이 이 책에 소개되어 있습니다. 꼭 읽어 주셨으면 합니다.
　정책역량과 집행역량을 다 갖추기는 쉽지 않습니다. 고향에 대한 꿈과 애정까지 가진 사람은 더욱 쉽지 않습니다. 고향분들이 중심이 되어 황명선 시장을 더욱 뛰어난 지도자로 키워주셨으면 합니다. 저를 포함하여 그의 능력과 사람됨을 아끼는 많은 사람들이 그 행렬에 동참을 할 것입니다.
　그를 가르친 사람으로서, 또 그와 함께 일을 해온 사람으로서 더없이 기쁜 마음을 전합니다. 책 출판을 크게 축하합니다.

청 년, 아 름 다 운 이 름 이 여

자신의 운명을
사랑하라

4

황명선의 행복한 논산 사랑 이야기

■
반도는 가능성이다

 지도를 가만히 들여다보고 있으면 많은 생각이 머릿속을 드나든다. 망망대해에 떠 있는 섬나라가 있는가 하면, 광활한 대륙을 다 차지하고 있는 나라가 있고, 다닥다닥 붙어서 한 덩어리가 된 나라들도 있으며, 태양의 바로 밑에 맨살을 드러낸 땅도 있다. 여러 가지 변수가 있겠지만 그 땅의 위치와 생김새, 상태는 그 나라의 흥망성쇠에 비교적 큰 영향을 주는 것 같다.
 '아프리카가 유럽쯤에 위치했다면……. 칠레가 세로로 긴 게 아니라 가로로 길었다면…….'
 그 나라의 운명은 물론 주변국, 지구 전체의 역사가 달라졌을지도 모르겠다는 엉뚱한 상상을 해보기도 한다. 그러다가 우리나라로 시선이 옮겨지면 또 상상은 이어진다.

'북쪽이 막히지만 않았다면…….'

우리는 자동차로 중국도 가고, 러시아도 가고, 유럽도 갈 수 있다. 비행기로, 배로 돌아가느라 시간과 비용을 낭비할 필요도 없다. 블라디보스토크에 있는 극동 지역 최대의 유통회사인 그라스프(GRASP) 사와 수출협약을 체결하기 위해 러시아를 가면서도 참 많이 아쉬웠다.

'직접 차에 딸기를 싣고 달려갈 수도 있는 곳인데…….'

빈번한 관계 속에서 물처럼 스며드는 문화적 교류를 생각하면 이는 단순히 비용으로만 가늠할 수 있는 가치가 아니다.

'한반도'라고 하는데, 반도의 매력이 무엇일까? 가능성 아닐까? 하지만 그 가능성을 활용하지 못하고 섬 아닌 섬이 돼서 옴짝달싹 못하다니…….

중국과 러시아에 붙어 있어 상대적으로 왜소해 보여서 그렇지 면적과 인구로 따지면 유럽의 독일이나 이탈리아쯤 되는 규모다. 넉넉한 지하자원을 마음껏 개발해 쓸 수 있고, 풍부한 인력은 통역도 필요 없다. 청년실업? 문제도 안 될 것이다. '백두산'이라는 천혜의 관광자원은 또 어떤가! 동북공정으로 역사를 왜곡하면서 중국이 야금야금 차지해 가는 모양을 보고 있으면 정말 아깝다는 생각뿐이다. 더욱 안타까운 것은 앞에서 말한 아프리카나 칠레를 두고 한 상상처럼 땅을 옮기고 모양을 바꿔야 하는 엉뚱한 상상이 아니라는 것이다.

매번 여기서 생각이 멈추며 쓸쓸한 입맛을 다시는 것으로 나의 '지도놀이'는 맥없이 끝난다. 부디 잊지 말아 줬으면 좋겠다. '대한민국은 한반도이고, 반도는 곧 가능성'을 의미한다는 것을.

야스쿠니 젠틀맨

얼마 전 TV를 보다가 한동안 할 말을 잃었던 적이 있다. 우리나라 청소년들을 대상으로 거리 인터뷰를 한 것인데, 질문은 역사의식과 관련된 것이다.

그런데 '야스쿠니 신사'를 "야스쿠니 젠틀맨?", '3·1절'을 "삼점일절?"이라고 반문하고 있었다. 아무런 부끄러움도 찾아볼 수 없는 해맑기까지 한 그 얼굴을 보는 일은 충격 그 자체였다.

자위대의 파워를 점점 키워 가고 있는 일본은 '동해'를 '일본해'로, 독도를 자기네 영토라고 몰아가고 있고, 중국은 동북공정을 통해 우리의 고구려와 발해 역사를 자국의 역사로 편입시키려고 하는 이 마당에 '삼점일절?', '야스쿠니 젠틀맨?' 이라니!

입시에서 한국사가 필수과목에서 선택과목으로 바뀐 지 벌써 8년이 지났다. 그마저도 이과는 한국사를 선택할 수 없다. 한국사가 필수 입시과목인 대학은 서울대뿐이라니, 서울대 갈 학생이 아니면 굳이 선택할 필요가 없게 되었다는 것이다. 우리나라 고등학교의 역사수업 비중은 전체의 5%에 불과하다. 20%나 되는 독일과는 너무나 비교되는 상황이다. 이런 현실에서 인터뷰한 학생들의 터무니없는 대답이 과연 무관할까 하는 씁쓸한 마음이 밀려 왔다. 참 심란했다.

역사학자 박준성 선생은 강의 때마다 역사를 알아야 하는 이유를 '기억상실증'에 비유해서 아주 간명하게 알려 준다.

만약 교통사고가 나서 기억상실증에 걸렸다고 생각해 보자. 내가 어디에서 태어났는지, 어떻게 살아왔는지, 어디로 가려던 참이었는지…, 전혀 기억할 수 없다고 생각해 보자. 우리는 과연 무엇을 할 수 있을까? 다른 사람이 자기들 마음대로 나의 기억을 강요해도 부정할 수조차 없을 것이다. 이는 곧 기억과 함께 나 자신을 잃어버리는 꼴이다. 나 자신을 잃어버린 사람이 할 수 있는 일은 나의 과거를 잘 알고 있는 사람에게 휘둘리는 일뿐일 것이다. 생각만 해도 끔찍하지 않은가!

우리 시에서는 청소년들에게 '논산학' 강의를 한다. 논산을 형성해 온 역사적 과정을 이해하고 현재의 논산에 대한 깊은 성찰을 통해 미래 비전을 제시하며 자긍심을 심어 주기 위해서이다.

또, 논산은 영남학과 함께 조선시대 유교의 양대 산맥이었던 기호학의 본산이다. 돈암서원 등 서원과 향교가 산재해 있는데, 이 문화적 자산을 보존하고 계승할 수 있도록 기호유교문화권 개발 프로젝트를 추진하고 있다. 논산시의 100년 성장동력을 만드는 것을 지상과제로 삼고 있는 내가 정신문화적 가치를 되살리는 일에 팔을 걷어부치는 것도 그런 이유에서다. 날로 약해져 가는 우리 젊은이들의 내면이 좀 더 강건해졌으면 하는 바램에서다. 집단 기억 상실증에 걸려 자신을 잃어버린 채 흘러가서는 대한민국의 미래가 없기 때문이다.

애국자가 되어야 한다는 것은 아니다. 역사를 배운다는 것은 애국자가 되는 것과는 다른 문제다. 정확한 사실과 객관적인 시각으로 역사를 제대로 아는 것 자체가 중요한 것이다.

역사 왜곡을 일삼는 일본이 안타까운 것은 자국민들을 글로벌 외톨이로 만들고 있기 때문이다. 자국 내에서만 통용되는 왜곡된 역사관은 글로벌 무대에서 가치를 인정받을 수 없다. 피해국들을 찾아 끊임없이 무릎 꿇어 사죄하고 성실하게 보상하는 독일의 성숙된 역사관이 국제 사회의 존경과 자국민의 자긍심을 불러일으키는 것을 보면 쉽게 이해할 수 있을 것이다.

요즘 일고 있는 우리 역사교과서 개정과 관련한 논란을 보니, 참으로 걱정이 된다. 분명 역사는 지나간 사실인데, 사실을 사실대로 알려 주지 않는다면 그것이 어찌 역사이겠는가. 지금이야말로 우리 젊은이들이 역사에 대해 깊은 관심을 갖고 정확하고 객관적인 역사관을 가져야 할 때다.

이제는 통섭이다

한참 '융통합'이라는 용어가 회자되더니, 최근에는 '브리꼴레르(Bricoleur)'라는 말이 등장했다. 한양대 교육공학과 유영만 교수는 이것을 "세상을 지배할 지식인의 새 이름"이라고 한다.

'브리꼴레르'는 인류학자 레비스트로스가 쓴 『야생의 사고』에서 유래된 프랑스 말로, 사전을 찾아보니 "수공일(목공일) 하는 사람, 수공일(목공일) 하기 좋아하는 사람"이라는 뜻이다. 즉 '손을 쓰는 사람'을 말한다. 움직이는 사람이고, 행동하는 사람이며, 체험하는 사람이다.

지식과 정보를 축적할 기회가 지극히 일부 특정 계층에만 한정된 세기를 지나오면서 인류는 지식과 정보를 축적하기 위한 과도한 경쟁 체제를 만들어 내기도 했다. 그런데 IT 기술이 발달하면서 어느 순간 지식과 정보는 더 이상 특정 계층만이 공유할 수 있고 축적할 수 있는 특별한 것이 아니라, 스마트폰만 갖고 있으면 못 찾을 게 없는 흘러넘치는 대상이 되었다.

예전에는 "아무개가 몇 년도에 쓴 어떤 책은 이러이러한 내용인데, 주인공은 누구고……"를 주워섬기는 사람을 보고 감탄을 했다면, 지금은 그런 정도의 정보는 스마트폰으로 검색만 하면 얼마든지 알아낼 수 있기에 더 이상 큰 가치가 없게 되었다.

이런 시대이다 보니 지식과 정보만 많이 축적한 사람은 큰 쓸모가 없어졌다. 비록 축적된 지식과 정보는 부족하더라도 창의적인 발상으로 그에 필요한 지식과 정보를 찾을 줄 알고 그것을 자신의 경험과 버무려 세상에 없는, 스마트폰으로 검색할 수 없는 참신한 가치를 창출해 내는 사람이 빛나게 되었다.

어떤 책을 읽었으면 그 책의 정보를 주워섬기는 것이 아닌 그 책을 읽고 난 자신만의 감상을 자신의 경험과 기존의 다양한 지식, 정보와 버무려서 그 누구도 생각할 수 없었던 자신만의 견해를 만들어 표현할 수 있어야 한다는 것이다.

그러니 이제부터는 편견과 고정관념으로부터 자유로운 날것 그대로의 사고로 무장해 끊임없이 배우고 시도하는 인재, 레오나르도 다 빈치처럼 경계를 넘나들며 새로운 가치를 창조해 내는 인재 '브리꼴레르'가 되어야 한다.

작은 왕국 이야기

히말라야 동부에 있는 작은 왕국의 이야기다.

1972년에 왕좌에 오른 4대 국왕은 겨우 열일곱 살이었다. 어린 국왕은 '어떻게 하면 왕국을 잘 통치할까?' 생각하며 세계 여러 나라들을 살펴보았다.

대부분의 국가에서 정부와 국민 모두 '부'를 얻기 위해 노력하는데, 소수만이 부를 누리고 사회적 약자들은 빈곤과 질병, 소외 속에서 불행하게 살아가고 있었다. 통치의 방법이 아닌 통치의 이념을 고민했던 어린 왕이 볼 때 그건 찾고 있던 답이 아니었다.

가만히 보니 그런 나라들은 GNP(국민총생산 : Gross National

Product)를 기준으로 삼고 있었다. 어린 국왕은 GNP 대신 GNH(국민행복지수 : Gross National Happiness), 즉 국민행복지수의 개념을 만들어 통치하기로 결심했다. 경제적인 부도 중요하지만 사람은 본질적으로 행복을 추구하는 존재이고, 국가의 발전도는 국민의 행복 정도에 따라 평가되어야 한다고 보았다.

어린 국왕은 사회 경제적인 발전과 개인적, 종교적 삶의 질을 어떻게 하면 조화롭게 발전시킬 수 있을까 고민했다. 국민의 건강과 교육, 기본적인 생활환경을 조성해 주는 데 국가의 예산을 할애했다. 건강, 교육, 공정한 기회, 안전, 일정한 수입, 주택, 기본적인 여가의 보장이 사람들을 행복하게 해 주는 요인이라고 믿었기 때문이다.

사람이란 또, 긍정적인 에너지로 누군가와 함께하며 서로 공감대를 형성하고 문화적인 활동에 참여하면서 지역의 전통과 문화유산을 보존하는 데서 강한 연대의식을 갖고 행복을 얻는다. 뿐만 아니라 건강한 가족관계와 공동체 활동에 대한 의지, 종교적인 활동은 행복의 필수 조건이기도 하다.

4대 국왕은 34년 동안 자신이 정한 GNH를 기준 삼아 왕국을 통치했다. '어떤 것이 국민들을 행복하게 할까?' 이렇게 끊임없이 질문하면서 말이다. 덕분에 작은 왕국의 국민들은 스스로의 가치와 정체성에 대한 강한 확신을 키워가며 전 세계에서 가장 행복한 국민으로 살아갈 수 있었다.

이 이야기는 바로 국민행복지수 1위인 '부탄'이라는 작은 나라의 이야기이다. 이 GNH의 개념은 다른 여러 나라에서도 도입했다.

이 동화 같은 이야기를 처음 듣고, 나는 지도자의 의미와 역할에 대해 깊은 공감을 했던 기억이 난다. 취임해서 처음으로 시민들께 드린 약속이 '대한민국 행복 지자체 1번지'를 만들겠다는 것이었던 만큼, '어떤 것이 시민들을 행복하게 할까?'는 임기 내내 곱씹어야 할 화두다.

요즘은 어렸을 때부터 유치원이고 학교에서고 저마다 리더가 되라고 가르친다. 자라면서 어느새 리더가 되어야 한다는 강박관념이 생길 지경이다. 하지만 정작 '리더는 어떠해야 하느냐'는 질문을 받으면 한 마디로 이렇다 할 답변을 내놓기가 어렵다. 경쟁적 가치에서 리더의 의미는 그리 바람직하지 않은 것 같다.

지도자가 어떠한 철학과 비전을 갖고 있느냐에 따라 그 공동체의 삶의 질과 품격은 확연히 달라진다. 그만큼 지도자의 영향력이 크다. 무한한 책임감과 공동체에 대한 절절한 애정이 없으면 위험한 위치이기도 한 것이 리더의 자리다. 이 동화 같은 부탄 왕국의 왕처럼, 리더는 공동체의 공익적 가치를 만들어 내고 지켜갈 수 있는 사람이어야 한다고 본다.

대한민국의 리더가 될 우리 젊은이들은 과연 지금 어떤 가치를 추구하며 살아가고 있을까?

■
스펙보다 스타일

　새로 임용된 공직자를 맞이해 이야기를 나눠 보면 참 똑똑하다는 생각이 든다. 아는 것도 많고, 영어도 잘하고, 해외 연수를 다녀온 건 기본이다. 내가 감탄을 하면 하나같이 "요즘 대학생들 다 이래요." 하며 겸손하기까지 하다. 그런데 그 말이 사실 겸손이 아니었다. 정말 요즘 젊은이들은 실력이 다들 대단하다. 그야말로 단군 이래 가장 똑똑하고 유능하다는 생각이 들 정도다. 이른바 '스펙'을 쌓기 위해 신입생 때부터 눈코 뜰 새 없이 바쁘게 지낸 덕이라고도 한다.

　'스펙(Spec)'이라는 용어는 본래 전자제품의 '사용설명', '사양'을 의미하는 'Specification'을 줄인 말이라고 한다. 그러니까 대학

신입생 때부터 졸업 후 취업을 위해 '자기 사용설명서'를 남보다 풍부하게 쌓아가는 격이다. 좋은 전자제품의 사양을 보면 여러 가지 기능이 빼곡한 것처럼 말이다.

그런데 참 안타까운 점이 있다. 단군 이래 제일 똑똑하고 유능한 젊은이들인데, 이상하게도 다들 비슷하다는 거다. 열심히 쌓아올린 스펙도 비등비등하다. 곧 스펙을 쌓아온 경로가 비슷하다는 의미다. 신입생 시절부터 졸업할 때까지 비슷한 경로를 통과했으니, 스타일도 비슷해졌을 것이다. 한마디로 스펙을 쌓느라 고유한 스타일을 잃어버린 셈이다. 그야말로 빼곡한 사양을 자랑하는 제품같이 되어버렸다.

알다시피 나는 일류대학을 나오지도 않았고, 요즘 젊은이들이 주민번호처럼 갖고 있는 토익 점수도 없다. 대신 나는 '나만의 스타일'이 있다. 김홍신 전 의원은 나에 대해 "무엇이든지 해낼 수 있는 강건한 의지를 가진 사람"이라고 말씀하신다. 기업유치나 지역 현안 사업을 추진하면서 만난 분들의 대부분이 비슷한 말씀들을 하신다. 거기에 '사람을 좋아한다.', '친화력이 있다.', … 정도의 평가가 덧붙는다.

내가 지난 3년간 쌓아온 성과는 스펙 덕분이 아니라 아마 부모님께서 주신 나만의 고유한 스타일 덕분인 것 같다.

우리가 너무도 잘 알고 있는 스티브 잡스 역시 스펙 좋은 사람이 아니다. 초중고 시절 내내 모범생과는 거리가 멀었고, 대학은 6개월 만에 중퇴했다. 요즘 젊은이들의 관점에서 보면 잡스는 '스펙 관리'에 실패한 사람이다. 하지만 그는 자기 스타일을 잃지 않았다. 오히려 자기 스타일을 더 갈고 닦아 IT 혁명을 일으켰고, 인류 문명에 획기적인 가능성을 준 이 시대의 영원한 역사적 인물이 되었다.

이제 시대가 바뀌었다. 지식과 정보가 아닌 그것을 융합해 새로운 것을 만들어 내는 사람이 필요한 시대다. 스펙을 쌓느라 스타일을 잃지 말고, 고유한 나만의 스타일로 세상에 넘쳐나는 지식과 정보를 녹여낼 용광로가 되었으면 좋겠다.

불안한 청춘,
도전으로 맞서라

우리 시에는 3개의 대학이 있다. 우리 시에서도 그렇고 서울에 올라갈 일이 있을 때도 그렇고, 다니면서 젊은이들이 있으면 관심 있게 살피는 편이다. 그런데 대부분이 무표정한 얼굴에 어깨는 축 처져 있고 걸음걸이에 기운이 없다. 그런 모습을 볼 때마다 나는 참 가슴이 아프다. 인생에서 가장 찬란한 시기인 20대를 미래에 대한 불안과 무력감 속에서 보내는 것 같아 참 안타깝다. 기성세대로서, 지도자로서 젊은이들에게 비전을 제시하지 못하고 희망을 주지 못하는 것 같아 한편으로는 책임감도 느낀다.

어릴 때 누나 덕분에 읽었던 헤르만 헤세의 소설 『데미안』 후반

부에 이런 내용이 나온다. 싱클레어와 데미안의 어머니 에바 부인의 대화 내용이다.

"부인, 전 당시에 자주 생각했어요. 죽어야겠다고요. 그 길은 누구에게나 그렇게 어렵습니까?"

그녀가 바람처럼 가볍게 손으로 내 머리를 쓸어 넘겨주었다.

"그건 늘 어려워요. 태어나는 것은요. 아시죠, 새는 알에서 나오려고 애를 쓰지요. 돌이켜 생각해 보세요. 그 길이 그렇게 어렵기만 했나요? 아름답지는 않았나요? 혹시 더 아름답고 더 쉬운 길을 알았던가요?"

나는 고개를 저었다.

— 헤르만 헤세, 『데미안』 중

'아프니까 청춘'이라는 말도 있듯이 신은 얄궂게도 가장 찬란한 청춘을 허락하시며 불확실성을 함께 주신 것 같다. 그러나 뒤집어보면 젊음을 시들게 하는 것만 같은 그 불확실성은 가능성이라는 의미이기도 한 것이다. 그리고 생의 가장 찬란한 시절이기에, 가장 푸른 시절이기에 그 불확실성을 가능성으로 열어갈 수 있는 능력도 있지 않을까?

싱클레어의 넋두리처럼, 알을 깨고 나오는 게 왜 이리 어려운가 싶은 순간을 자주 맞닥뜨릴 것이다. 그렇더라도 자신의 청춘을 믿고 꽃길을 걷듯 걸어갔으면 좋겠다. 그러면 훗날 돌아볼 때 분명히, 아름다웠노라고 회상할 수 있을 것이다.

소유하지 말고 존재하라

 '우리 역사에서 요즘의 젊은이들만큼 많은 것을 갖고 있었던 세대가 있을까?' 하는 생각이 가끔 든다. 일단 옛날에는 동네에 하나 있을까 말까 한 전화기를 각자 하나씩 갖고 있고, 또 수시로 바꾼다. 옷이며 가방, 신발 등등 참 풍요로운 세상이다.
 기업은 수익을 내야 하는 집단인 만큼 앞서 판매한 물건을 소비자들이 다 쓸 때까지 기다릴 수가 없다. 그러니 광고를 통해 새로운 상품을 자꾸만 사게 만든다. 다 쓰고 없어서 혹은 고장이 나서가 아니라, 오래됐고 새것이 나왔다는 이유만으로 교체하게 만드는 것이다. 그러면서 차별화를 위해 브랜드 가치를 높이고 사람들은 자기도 모르게 어떤 용도의 물건을 갖고 있느냐보다 어느 브랜드의 제품을 갖고 있느냐에 주목하며 그것으로 자신의 존재를 확인하고 확인시킨다.

에리히 프롬의 말처럼 '자기 자신으로서 존재하는 것이 아니라 자신이 소유한 것으로 존재하는' 꼴이다. 참 서글픈 일이다.

어떤 목사님께서 하신 말씀이 떠오른다. 미국에서 오래 살다 오신 지인이 한국의 학생들 대부분이 10만 원이 훌쩍 넘는 고가의 운동화를 신고 있는 것을 보고 깜짝 놀랐다고 한다. 그 소리를 듣고 보니 당신 아들만 빼고 거의 모든 아이들이 그런 운동화를 신고 다니기에 집에 돌아와 아들에게 물었다고 한다.

"너는 그런 신발을 신고 싶지 않니? 왜 사달라고 하지 않았니?"

"뭐 어차피 안 사줄 거니까요."

아들은 이렇게 쿨하게 이야기했지만 갖고 싶어 하는 마음은 역력했다. 그래서 목사님은 아들에게 편지를 쓰셨다고 한다.

먼저 그런 운동화를 사달라고 하지 않아 줘서 고맙다는 말을 전하고, 학생이 10만 원짜리 운동화를 신는 것은 '쓸데없다'. 하지만 황영조 선수가 모 스포츠 의류 업체로부터 1억 원짜리 운동화를 받았는데, 그건 '쓸데있는' 것이다. 쓸데가 있으면 1억 원도 아깝지 않으나 쓸데가 없으면 10만 원도 아까운 것이다. 사람들이 10만 원짜리 신발을 신으려는 것은 "나 이런 신발 신고 다니는 사람이야." 하며 자랑하고 싶은 마음 아니겠느냐. 고작 10만 원짜리 신발을 자랑하며 사는 사람의 삶은 참 부끄러운 것이다. 그것은 곧 자신이 10만 원짜리도 되지 못한다는 뜻이기 때문이라는 내용의 편지였다.

나 자신의 존재감을 높일 수 있는 것은 명품도 아니고 고급 브랜드도 아니다. 소유함으로써 존재하는 삶은 상품의 가치가 떨어짐과 동시에 초라해지기 마련이다. 존재 자체로 존재하는 사람의 가치는 그 사람이 죽은 후에도 빛이 난다. 그러니 소유하지 말고 존재할 일이다.

고가의 제품을 구매하기 위해 돈을 모으는 대신 나 자체로 빛나고 주목 받을 수 있는 삶을 기획해 봤으면 좋겠다.

■ 조금 말랑말랑해져도 좋습니다

 아리스토텔레스는 누군가를 설득하는 데 필요한 세 가지 원칙이 있는데, '에토스(Ethos)', '파토스(Pathos)', '로고스(Logos)'라고 했다. '에토스'는 명성·신뢰감·호감 등 설득을 하는 사람이 지니고 있는 인품이나 성품, 즉 인격적인 요소이고, '파토스'는 공감이나 경청·유머·두려움 등 정서적으로 친밀감을 형성하는 감정을 자극하는 요소이며, '로고스'는 논리적·실증적 근거를 들어 상대방의 결정에 당위성·정당성을 부여하는 방식의 논리적인 요소이다.
 그러면 이 세 가지 가운데 설득의 과정에서 가장 크게 영향을 주는 것은 무엇일까? 바로 '에토스'이다. 이것이 60% 정도 영향을 준다고 한다. 그 다음 파토스가 30%, 로고스가 10%로, 가장 영향력이 약하다. 이는 곧 사람의 마음을 움직이는 것은 '말'이 아니라 '감성'이라는 의미일 것이다.

우리가 굳게 먹었던 마음을 바꿨던 때를 기억해 보면 아마 그것은 상대방의 논리정연한 말이 아니라 말을 하는 사람의 진심이었던 경우가 많았을 것이다.

우리는 산업화 시대와 지식정보화 시대를 지나왔다. 이제 지금은 감성의 시대다. 덴마크의 미래학자 롤프 옌센(Rolf Jensen)이 10년 전쯤, 그의 저서 『드림 소사이어티(Dream Society)』에서 예견한 바로 그 시대다. 세계에서 가장 큰 미래문제연구소인 코펜하겐 연구소를 이끌고 있는 롤프 옌센은 『드림 소사이어티』에서 미래에는 (이미 현재가 된) 부와 여가가 증가하면서 소비자들은 상품에서 의미를 찾으려 하는데, 이때 구매를 결정하는 요인은 이성보다는 '감성'이라고 말한다.

그가 예견했던 인간의 기본적인 감성 욕구를 자극하는 여섯 개의 시장은 모험 판매의 시장, 연대감, 친밀감, 우정과 사랑을 위한 시장, 관심의 시장, '나는 누구인가(Who-am-I)'의 시장, 마음의 평온을 위한 시장, 신념을 위한 시장 등이다. 물리적인 필요나 로고스적으로 접근하는 기업은 살아남기 힘든 시장들이다.

시장뿐만 아니라 사회 전반적인 분위기도 감성의 지배 영역이 넓어졌다. 내 개인적인 경험으로 볼 때도 감성의 파워가 그 어떤 것보다 컸다. 다른 지자체로 이전을 계획하고 있었던 동양강철 그룹을 우리 시로 유치한 것도, 13년 만에 논산 훈련소 영외면회제도를 부활시킨 것도, 당초 계룡까지만 계획됐던 충청권 광역철도망 노선을 논산역까지 연장시킨 것도, 한 지자체에 하나 이상의 농공단지 지정은 불가하다는 원칙을 뒤엎고 2개의 농공단지를 조성한 것도 나의 말재주 덕분이 아니라 끊임없이 찾아가 전한 '진정성' 덕분이었다.

산업화 시대에는 근면 성실이 무기였고, 지식정보화 시대에는 발 빠른 정보력과 축적된 지식의 총량이 무기였다면, 감성 시대에는 공감과 소통·친화력이 무기일 것이다.

롤프 옌센은 드림 소사이어티 시대 세계 시장의 변화에 대해 몇 가지 시나리오를 제시했는데, 그 중 흥미로운 것은 "인구가 많고 성장이 빠르며 문화적 전통이 풍부한 아시아 국가들이 세계를 선도할 것"이라고 말한 부분이다.

이젠 좀 말랑말랑해져도 좋다. 이제 본격적인 우리의 시대다.

진정한 힐링(Healing)

오스트리아 출신의 신학자이자 사상가인 이반 일리치(Ivan Illich)가 한 무수한 말 중에 이런 말이 있다.

"위대한 랍비의 전통이나 기독교 수도원 전통에서는, 또 플라톤과 같은 그리스 사람들이나 키케로는 이미 우정에 관하여 알고 있습니다. 즉, 내가 나 자신을 발견하는 것은 그대의 눈에서 비롯한다는 것을 말입니다……. 나라는 존재가 그대에게 선물이 되게 하는 것은 당신인 것입니다……. 나의 존재가 누군가에게 선물이 되지 못하면 나는 온전한 인간에 이르지 못한다는 것입니다."

나는 이 말을 '우정'이라는 것, 크게는 '연대'라는 것이 우리 사회에 만연한 병리적 현상들을 해결할 수 있다는 메시지로 이해하고 있다.

무인도에 표류한 한 사람이 있다고 하자. 그 사람은 아무도 없는 그 곳에서 자신의 존재감을 무엇으로 느낄 수 있을까? 태초에 아담과 이브가 그랬듯이 상대를 통해 우리는 나 자신의 존재와 가치를 새삼 깨달으며 살아간다.

이왕이면 긍정적인 존재감을 확인시키고 확인할 수 있는 관계가 좋을 것 같다. 이반 일리치의 말처럼 '나'라는 존재가 상대에게 선물이 되는' 관계 말이다. 이런 관계가 '나'에서 '우리'로 점점 확장되면 자살, 소외 같은 안타깝고 쓸쓸한 현대사회의 문제들이 훨씬 줄어들지 않을까?

내가 어렸을 때는 모든 것이 오픈되어 있었다. 누구든지 지나가다 들어올 수 있도록 대문은 항상 반쯤 열려 있었고, 학교에서 돌아오는 길에 내 존재는 동네 어르신, 형, 누나, 동생 들의 시야에 오픈되어 있었다. 서로가 서로에게 관심을 갖고 가벼운 안부를 묻고 답하면서 걸어오다 보면 집에 도착할 때쯤엔 오늘 동네에서 일어난 일들, 지금 어디서 친구들이 뭘 하며 놀고 있는지를 다 알게 되었다. 그리고 들에서 일하고 계신 부모님 귀에도 오늘 내가 학교에서 있었던 일이며, 몇 시쯤 집으로 돌아왔는지 다 들어가곤 하던 삶이었다. 인터넷이 없어도 얼굴을 마주 보며 그렇게 충분히 따뜻하게 소통이 되었던 것이다.

하지만 요즘은 차가운 콘크리트가 모든 관계를 가로막고 있는 게 아닌가 싶다. 나를 덜 보여 주고 다른 이의 삶에 덜 관여하며, 프라이버시가 존중되는 삶을 살고 있다. 아이러니하게도 프라이버시를 존중 받고 싶어 달아 거는 문이 결국 나 자신을 가두고 외롭게 만드는 감옥이 되지는 않았는지 생각해 볼 일이다.

한동안 '힐링(Healing)'이 대세였다. 서점에도 관련 서적이 넘쳐 났고, 방송 프로그램에서도 힐링은 일종의 유행이었다. 그런데 힐링의 중심에 내가 있으면 온전한 힐링이 될 수 없을 것 같다. 오히려 내가 누군가의 선물이 되어 상대를 통해 '나의 존재가 기쁨이구나, 선물이구나.'를 확인하는 순간에 진정한 힐링이 되는 게 아닐까?

내 인생에 있어서 가장 열심히 산 시간은 논산시장으로 산 지난 3년이다. 살인적인 스케줄에 처리해야 할 업무량은 언제나 산더미였다. 물리적으로 감당하기 힘들어야 마땅한 상황이었다.

"황 시장, 힐링 좀 해야겠어. 그러다 큰일나겠어."

만나는 지인들의 걱정 어린 말씀들이다. 그런데 나는 참 신기하게도 힐링이 필요할 만큼 지치거나 피폐해진 적이 없었다. 물론 몸은 조금 힘들 때도 있었다. 그러나 내가 뛰는 만큼 달라지는 우리 시의 모습과 시민들이 행복해하는 표정을 보면서 아마도 나는 내 존재감을 확인할 수 있었던 것 같다. 그 힐링 덕에 그 많은 일정들을 감내하고도 나는 꿈쩍 않고 이렇게 또 활기차게 시작한다.

미래를 준비하고 꿈을 위해 도약하는 우리 젊은이들에게 '우정'과 '연대' 속에서 진정한 힐링하기를 적극 추천해 본다.

기대하는 삶이 아닌 살고 싶은 삶을 살아라

　사람은 태어나는 순간부터 원하든 원치 않든 존재에 대한 기대를 받게 마련이다. 그 기대는 성장과 함께 관계가 확장되면서 커진다. 자식으로서, 학생으로서, 친구로서, 동료로서, 직원으로서, 간부로서, 남편으로서, 아내로서, 부모로서, ……. 그 기대감이 때로는 나를 발전시키는 동력이 되기도 하지만, 정작 내가 하고 싶은 것을 포기하게 만들기도 하고, 간혹은 우리를 질식시킬 것처럼 버겁게 만들기도 한다.

　라틴 어에 '메멘토 모리(Memento Mori)'라는 말이 있다. 우리말로 '죽음을 기억하라.'는 의미다. 인간은 언젠가는 반드시 죽음을 맞게 된다는 사실을 인식하면서 살아가라는 경구일 것이다.

　몇 해 전 드라마의 영향으로 '버킷 리스트'라는 게 젊은이들 사이에서 유행이었다. 내가 죽기 전에 꼭 해보고 싶은 일들이 무엇인지 적어 보는 것이다. 우리 삶이 소중한 이유가 바로 죽음이라는 절대적 한계를 뛰어넘을 수 없는 숙명 때문일 것이다. 그렇다면 우리는 한 번뿐인 이 인생을 어떻게 살아야 하는 것일까? 내 주변의 기대를 저버릴까 노심초사하며 내 삶은 무한정 유예한 채 '타인의 삶'을 살아야 하는 걸까?

　메멘토 모리가 있다면 '아모르파티(Amor Fati)'가 있다. '운명을 사랑하라'는 프랑스 말이다.

　사실 나는 한때 방황하는 청춘이었다. 가톨릭 집안에서 태어나 어려서부터 그 분위기에 맞게 성당에 열심히 다녔고, 분위기상 나도 모르게 신부가 되어야 하나 보다 생각하며 신학대학을 선택했지만 주교님 면접에서 떨어졌다. 결국 나는 본의 아니게 재수, 3수를 했다. 사실은 어쩔 수 없는 길이었기에 선택한 것이지 내가 하고 싶어서 결정한 일은 아니었다. 나 스스로 내 운명을 선택하고 결정하기 시작한 것은 해병대 자원입대였다. 해병대, 정말 힘들었다. 하지만 내가 선택한 일이었기에 견딜 수 있었고, 오히려 배운 것도 많았다.

　제대하고 나서 4수에 도전했다. 이번에는 재수, 3수 때와는 마음가짐이 달랐다. 인생의 계획을 세웠고, 그것을 실현하는 첫 단계가

논산시민의 날 행사에서 열광하는 시민들

4수라는 판단이 누구의 기대나 강요 없이 내 안에서 자발적으로 일었다. 당연히 3수생까지와는 다른 정반대의 생활을 할 수 있었다. 내가 하고 싶어서 하는 일은 다른 누군가를 의식해서 하는 일과 마음가짐부터 완전히 다르다. 당연히 결과도 다르다. 나의 운명을 사랑하니 삶을 대하는 자세도, 결과도 달라지는 것이다. 아니 달라질 수밖에 없는 것이다.

한 번뿐인 내 인생 '메멘토 모리(Memento Mori)'를 꼭 기억하자. 핏기 없는 얼굴로 타인의 삶을 사느라 지쳐가지 말고, 반짝이는 눈으로 내 운명을 사랑하는 나 자신만의 삶을 살아보자.

섬김의 리더십으로 소통하는 시장님

김희수 건양대학교 총장

　지역의 많은 대학들은 각 지역 지자체와 행정적·경제적·문화적 차원에서 긴밀한 협력관계를 맺고 있습니다. 건양대학교와 논산시는 그러한 협력관계를 넘어 형제관계를 맺고 있다고 해도 과언이 아닐 정도로 지역 발전의 동반자로서 오랜 시간을 함께했습니다. 그 중심에 황명선 논산 시장님이 계십니다.

　건양대학교가 개교 이래 논산시와 상생 발전하는 관계를 유지해온 것이 사실이지만 황 시장님 취임 이후 협력적 관계를 더 공고히 하게 된 것은 지역 대학으로서, 지자체로서 지역 발전을 위한 철학을 서로 공유하고 있기 때문이라고 생각합니다. 특히, 황 시장님은 과거 건양대학교에서 강의하신 경험이 있으시기 때문에 우리 대학의 교육철학과 경영방침, 지역대학으로서의 역할에 대해 그 누구보다도 더 깊은 이해가 있으신 분입니다. 그런 이유에서 황 시장님이 계신 논산시와 건양대학교의 협력적 발전관계는 앞으로도 더욱더 기대가 됩니다.

　황명선 시장님은 민선 5기 시장으로서 논산시 발전에 이미 큰 발자취를 남기셨습니다. 기업유치는 물론 육군훈련소 영외면회제 부활, 탑정호 수변개발사업 등 지역 경제 활성화와 주민생활 안정에 많은 기여를 하셨습니다. 황 시장님이 그간 이룬 업적은 지역유지들과의 모임을 통해서도 수없이 듣고 있지만 타지에 나가 있다가 고향을 찾아온 사람들이라면 발전된 고향의 모습을 통해 누구든지 확인할 수 있는 사실이기도 합니다.

황 시장님과의 오랜 친교와 협력 관계를 통해 새삼 느낀 점은 이분이 섬김의 리더십과 소통의 중요성에 대해 확고한 신념을 가지고 계시다는 것입니다. 황 시장님은 시장 당선 이후에 오히려 더 낮고 더 겸손한 자세로 지역주민들을 대하고 그분들의 고충에 귀를 기울이고 있습니다. 섬기는 리더십, 소통하는 자세는 누구에게나 귀감이 되어야 할 것입니다.

　미국 역대 대통령 중 민주당, 공화당 지지자 할 것 없이 미국 국민 누구에게나 존경받는 대통령이 두 사람 있다고 합니다. 한 사람은 '존 F. 케네디'이고, 다른 한 사람은 '에이브러햄 링컨'입니다. 두 대통령의 공통점은 당이나 특정 계층의 이익이 아닌 국민의 이익과 평화와 인권에 대해 확고한 의지가 있었다는 것입니다.

　황명선 시장님도 개인의 안위나 특정한 집단의 이익이 아닌 논산시의 발전과 지역주민의 삶의 질 향상을 위해 항상 노력하시는 분입니다. 또한 앞으로도 그런 행정을 펼치실 것으로 기대하고 있습니다.

　황 시장님의 고향에 대한 사랑과 지역 발전을 위한 초석이 되겠다는 굳은 의지는 이미 '행복 지자체 논산'이라는 성과로 나타났습니다. 황명선 시장님이 민선 5기 시장으로서 이루신 성과가 새로운 출발과 미래를 향한 도약을 위해 좋은 밑거름이 될 것을 믿어 의심치 않습니다.

에필로그

틈틈이 이 책을 쓰는 동안 참 많은 순간들, 많은 얼굴들, 많은 일들이 스쳐 갔다.

2010년 7월, 민선 5기 논산시장에 취임하면서 나는 논산을 '행복지자체 1번지'를 만들겠다고 약속했다. 예상은 했지만 막상 취임을 하고 보니 예산이 턱없이 부족했다. 지역 경제 활성화와 복지 향상을 위해서 꼭 필요한 것이 바로 재원인데, 농업이 산업생산의 많은 부분을 차지하는 우리 시와 같은 지자체의 경우 자체 재원이 매우 열악했던 것이다.

아마도 취임 후 닷새 만에 '세일즈 시장' 이름표를 달고 첫 서울행 기차를 탔던 것 같다. 육군훈련소 외에는 내세울 것 없는 논산을 행복지자체 1번지로 변화시키기 위해서 서울로 출근하는 시장, 세일즈 시장임을 자임하고 직원들에게도 세일즈 마인드로 업무를 기획하고 추진할 것을 강하게 요청했다.

그때까지는 대기업·중앙부처·국회 등을 방문, 업무 및 예산 협조 등의 업무를 추진해 본 경험이 적었던 직원들과 여러 날 밤을 새워

가며 사업계획서·건의서·질의서 등을 작성하고 대기업 본사·중앙 부처 청사·국회의원회관 등을 수시로 방문했다.

돌아보면 참 문전박대도 많이 당했다. 수모라면 수모였다. 다시 기억하고 싶지 않은 순간들도 많았다. 내가 지자체의 장이라는 생각이 강했으면 아마 참아 내기 어려웠을 순간들……. 지금 생각해도 입맛이 쓰다.

하지만 번번이 문전박대의 수모를 당할 때마다 생각했다.

'지금 이 자리에서 난 논산의 세일즈맨 그 이상, 그 이하도 아니다.'

전국 어디에도 뒤지지 않는 충청도 특유의 끈기로 서로를 격려하고 위로하며, 천년도시 논산시를 온힘을 다해 세일즈했다. 덕분에 우리 논산시는 지난 3년 반 동안 풍성한 결실을 맺었다. 대한민국 경영대상·대한민국 경제리더 대상·지역농업발전 선도인상·풀뿌리 자치대상·성산효행대상 등을 수상하는 영광도 얻었다. 이는 13만 시민과 900여 명의 공직자에게 주어진 상이라고 생각한다.

지난 7월, 취임 3주년을 맞으면서 취임 당시 약속을 얼마나 잘 지키고 있는지 꼼꼼히 점검해 봤다. 그러고 보니 그저 열심히 뛰기만 했지 한 번도 뭘 얼마나 지켰는지 헤아려본 적은 없었다. 6개월밖에 남지 않은 임기, 효율성을 높이기 위해서는 한 번쯤 필요한 작업이다 싶었다.

분석해 보니 8대 분야 47개 사업에 대해서 올해 10월까지 16건을 완료·종료했고, 이행 후 계속 추진 사업 17개, 추진 중 사업 12개, 일부 추진 사업 1개 등으로 활발하게 추진되고 있었다. 약속드린 모든 사업이 완료 혹은 추진 중에 있는 것이다. 참 감사하다.

이게 어디 나 혼자 뛴다고 될 일이었겠는가. 모두, 우리 논산시민들이 젊은 나를 믿고 밀어주시고, 900여 명의 공직자가 함께 뛰어 준 결과다. 누가 뭐래도 지난 3년 반을 돌아볼 때, 가장 감사한 분들은 시민들과 공직자들이다.

2014년은 젊음을 품은 천년도시 논산이 탄생한 지 100년을 맞이하는 해다. 13만 시민의 힘찬 응원을 등에 업고 새로운 논산 100년의 번영을 가져올 성장동력을 찾기 위해 1% 가능성만 있다면 언제든, 어디든 달려갈 것이다.

나는 오늘도 가슴이 뛴다.